Das Herz öffnen

*Unser Herz ist nicht nur ein lebenswichtiges Körperorgan.
Im übertragenen Sinne bezeichnet das Wort »Herz«
einen Seelenraum, den Ort, an dem das Wesen
eines Menschen aufgehoben und zu Hause ist.
Im Buddhismus sprechen wir von »Herzensqualitäten«,
die oft ganz oder teilweise verschüttet sind,
die wir aber durch die Herzmeditation befreien können.*

Am Herzen ein Zuhause finden

»Was schmerzt die Seele am meisten?«, hat der persische Mystiker Rumi gefragt. Auf diese Frage könnten wir viele verschiedene Antworten finden! Bei all dem Leiden und der Verzweiflung, die uns in diesen von Flucht und Terror geprägten Zeiten begegnen, fallen uns unzählige Schmerzen ein. Denken wir über all das Unrecht nach, fühlen wir uns schnell hilflos und überwältigt.

Doch Rumi hat seine Frage ganz einfach und allumfassend zugleich beantwortet: »Am meisten schmerzt es, leben zu müssen, ohne das Wasser der eigenen Essenz zu kosten.« Rumis Frage ist groß, seine Weisheit zeitlos. Denn ebenso wie vor tausend Jahren sehnen sich die Menschen auch heute danach, zu ihren innersten Quellen vorzudringen und ein Leben im Einklang mit sich selbst zu führen, um auf diese Weise »das Wasser der eigenen Essenz zu kosten«.

Die Antwort des alten Meisters lässt sich auch noch konkreter fassen. Wenn Sie dem Nachklang dieser Antwort in Ihrem eigenen Herzen lauschen, fragen Sie sich vielleicht: »Was ist meine Aufgabe in diesem Leben? Wie kann ich die Wunden meiner Vergangenheit heilen und Frieden finden? Wie kann ich meine Angst verlieren vor Trennung, Krankheit und Tod?« Der Impuls, ein Buch über Meditation zu lesen, entspringt vielleicht auch bei Ihnen einem Herzenswunsch. Möchten Sie mehr Zeiten der Stille in Ihr Leben bringen und Ihre inneren Empfindungen genauer erfassen? Möchten Sie wichtigen Lebenszielen eine bessere Chance zur Verwirklichung einräumen? Wie oft sagen Menschen, die nur noch kurze Zeit zu leben haben: »Hätte ich doch …!« Und sie zählen auf, was sie vermissen: intensiver in der Gegenwart leben, öfter auf das Herz hören, sich mehr Zeit lassen für Familie und Freunde.

»Ich komme einfach nicht zur Ruhe«, sagt eine junge Frau, »ich habe alles, was ich brauche, und doch spüre ich ein Streben weg von hier – mein ganzes Leben lang habe ich das Gefühl, in ständiger Alarmbereitschaft, ja, auf der Flucht zu sein.« Ankommen an einem geschützten Ort – zu Hause sein in sich selbst: Alle Menschen wünschen sich diesen Ruhepol, dieses Verankert-Sein im eigenen Seelenkern, im Herzen. Sie wünschen sich Momente des Einklangs mit sich selbst, in denen Terminkalender und Alltagssorgen bedeutungslos sind. Sie möchten einfach nur da sein können, spüren, was ist, und damit vollauf zufrieden sein. Das gelingt, wenn wir von Herzen »Ja« sagen können zu unserem Leben – dann schmecken wir unsere eigene Essenz.

Das Herz – ein Seelenorgan

Die mittelalterliche Mystikerin Hildegard von Bingen nannte das Herz das Haus der Seele. Auch der Philosoph Blaise Pascal war überzeugt: Es ist das Herz, das Gott erfährt, nicht der Verstand. Ein lebendiger Kontakt zum Herzen hat persönlich und gesellschaftlich herausragende Bedeutung. Alle Urvölker auf unserem Planeten haben auf ihre Weise eine heilsame Verbindung zum eigenen Herzen gesucht und gepflegt. Denn sie haben das Herz intuitiv als ein wahrnehmendes Seelenorgan verstanden. In allen Weltreligionen ist das Herz das Organ der Anteilnahme, des Mitgefühls: Jesus trauert über die Verhärtung der Herzen, und Buddha lehrte sinngemäß: Vom Herzen gehen die Dinge aus, sind herzgeboren, herzgefügt.

Leider ist uns in der heutigen Zeit die Verbindung mit unserem Herzen weitgehend verloren gegangen. Wir wissen zwar, was es heißt, sein Herz zu verschenken, ein Herz und eine Seele zu sein, etwas auf Herz und Nieren zu prüfen, sein Herz zu erleichtern oder es auf der Zunge zu tragen. Wir kennen ein kaltes Herz, ein schweres Herz, ein Herz, das vor Aufregung laut klopft oder uns bei Angst in die Hose sackt. Manchmal fassen wir uns ein Herz oder fühlen uns im Herzen getroffen. Doch im Alltag hören wir kaum auf unser Herz, etwa wenn es uns zuruft: »Streng dich nicht so an, gönn dir mehr Ruhe.« Leider finden unsere Herzensbedürfnisse oft erst Gehör, wenn das Herz krank ist und uns Kummer bereitet. Dann erst entsteht ein Verständnis dafür, dass wir Einfluss nehmen können auf unseren Bluthochdruck, auf Herzrhythmusstörungen oder das Herzinfarktrisiko.

Dem Herzen mehr Aufmerksamkeit schenken
Besser ist es, ein solches Verständnis von vornherein aufzubauen und dem Herzen mehr Aufmerksamkeit zu schenken. Die Herzmeditation hilft Ihnen dabei, denn Ihre Prinzipien – achtsame Selbstfürsorge und ein ausgeprägtes Wohlwollen für alles Leben – wirken wie Balsam für das gestresste Herz. Das gilt für das im medizinischen Sinne kranke Herz ebenso wie für das anteilnehmende, mitfühlende Seelenorgan. Das belegen heute auch die Forschungen der Neurowissenschaften: Körperlicher Schmerz und psychischer Schmerz bilden sich in den gleichen neuronalen Netzwerken und fühlen sich auch ganz ähnlich an. Demnach können sie auch auf gleiche Weise beeinflusst werden.

Zwiesprache mit dem Herzen beginnen
Sie haben sicher auch schon beobachtet, dass Menschen, die von einem Ereignis tief berührt sind, sich die Hand auf das Herz legen. Wenn Sie diese Geste nachahmen, lenken Sie damit Ihre Aufmerksamkeit zu Ihren Herzensbedürfnissen. So können Sie üben, die Sprache Ihres Herzens zu verstehen und im Dialog mit Ihrem Herzen neue Wege zu gehen. Die Herzmeditation wird Ihnen in den kommenden Kapiteln viele konkrete Anleitungen dafür ge-

ben, denn im wörtlichen Sinne führen Sie einen Dialog mit dem eigenen Herzen (siehe Seite 17 und 18). Sie müssen aber nicht erst das ganze Buch lesen, um in diese Zwiesprache mit Ihrem Herzen eintreten zu können. Mit der folgenden Übung gelingt Ihnen bereits ein erster Einstieg: Halten Sie inne und spüren Sie zu Ihrem Herzen hin.

ÜBUNG
Hand aufs Herz

Legen Sie dieses Buch für einige Minuten zur Seite und setzen Sie sich bequem auf einen Stuhl oder ein Sofa. Sie können die Übung auch im Liegen durchführen. Legen Sie dann sachte eine Hand auf Ihr Herz. Sie können dabei auch gerne die Augen schließen.

- Versuchen Sie, die Berührung, die Wärme Ihrer Hand und Ihren Atemrhythmus im Herzraum bewusst zu spüren.
- Wie fühlt es sich an, auf diese Weise zum Herzen hin zu lauschen? Vielleicht nehmen Sie ein inneres Aufatmen wahr, eine Entspannung im Bauchraum?
- Probieren Sie, zu Ihrem Herzen zu sagen: »Mein liebes Herz, wie geht es dir? Ich möchte dir Aufmerksamkeit schenken und spüren, was dich bewegt.«

Wiederholen Sie diese Übung, sooft Sie möchten. Sie können sie auch durchführen, während Sie am Schreibtisch vor dem Computer sitzen oder auf dem Weg zum Einkaufen sind. »Hand aufs Herz« bedeutet, einen Moment innezuhalten und einen bewussten Kontakt mit Ihrem Herzen aufzunehmen.

Hinwendung zu sich selbst

Vielleicht ist es Ihnen nicht ganz leicht gefallen, sich auf die Übung einzulassen. Das liegt daran, dass wir uns oft erst die Erlaubnis geben müssen, zum eigenen Herzen hinzuhören und Herzensbedürfnissen mehr Raum zu geben. Ganz anders als ein Kind, das seine Gefühle und Bedürfnisse noch spontan zum Ausdruck bringen kann: Es weint, wenn es nicht genügend Aufmerksamkeit bekommt oder sich verletzt hat. Es schreit vor Wut, wenn ihm etwas nicht passt. Schritt um Schritt lernt es dann, seine Gefühle zu kontrollieren und sich anzupassen an den Umgangston in der Familie und die Gepflogenheiten seines weiteren Umfelds. Und so wie unsere Eltern mit uns als Kinder umgegangen sind, so gehen wir nun als erwachsene Menschen mit uns selbst um: Wer von seinen Eltern bestraft wurde, wenn er seiner Wut freien Lauf ließ, der wird auch als Erwachsener seine Wut verstecken und verdrängen. Wenn Eltern ein Kind und seine Bedürfnisse ernst nehmen, dann gelingt es ihm später als erwachsene Person, gut für sich zu sorgen. Da Eltern in der Regel nicht perfekt sind, mangelt es uns oft an Selbstmitgefühl und Akzeptanz. Teilnehmerinnen und Teilnehmer aus unseren Meditationskursen antworten auf die Frage: »Wenn ich mehr auf mein Herz hören würde, dann ...

- würde ich mehr tanzen,
- öfter innehalten,
- eindeutiger »Nein« und eindeutiger »Ja« sagen,
- mehr genießen, was ich habe,
- nachsichtiger mit mir selbst sein,
- mehr Freiheit erfahren,
- authentischer leben.

Mit der Herzmeditation nähern wir uns liebevoll und behutsam den lang verborgenen Gefühlen in uns und entdecken all die

Wärme und Zärtlichkeit, die bereits in uns wohnt. Wir stoßen aber auch auf unsere Enttäuschungen und Ängste, die wir im Herzen eingeschlossen haben und die verhindern, dass die Herzensenergie frei fließen kann. Wir heilen unser Herz, indem wir den Geschichten, die zu unseren Verletzungen gehören, mitfühlend lauschen. Wir kommen zur Ruhe, indem wir unsere Erfahrungen akzeptieren, so wie wir sie als Kind und Heranwachsende empfunden haben. Das ist der Beginn einer wunderbaren Freundschaft mit uns selbst.

Bevor wir uns den Wirkungen der Herzmeditation intensiver widmen, wollen wir uns zunächst gemeinsam ansehen, was genau die Herzmeditation eigentlich ist und woher sie kommt.

Was ist die Herzmeditation?

Durch Meditation lernen wir eine bewusste Wahrnehmung zu entwickeln für das, was im jetzigen Moment gerade geschieht. Dazu müssen wir unseren aktiven Geist zuerst auf eine Aufgabe hin ausrichten, um ihn zur Ruhe zu bringen. Bei der Achtsamkeitsmeditation lenken wir unsere Aufmerksamkeit zuerst auf den Atem und erweitern sie dann auf das Spüren von Körperempfindungen, Gefühlen und Gedanken. In der Herzmeditation dagegen richten wir unsere Aufmerksamkeit auf das innerliche Sprechen von Wünschen, die wir an unser Herz oder das Herz von anderen Menschen richten. Dadurch nehmen wir direkten Kontakt zum Herzen auf und erfahren, wie es unserem Herzen geht. Durch die kontinuierliche Ansprache des Herzens lernen wir seine Bedürfnisse näher kennen und schulen unsere Herzensqualitäten – die universelle und allumfassende Liebe, Mitgefühl, Freude und Gelassenheit.

Die Kraft der Worte

Mit der Herzmeditation üben wir, in einen Dialog mit unserem eigenen Herzen zu treten und eine Kommunikation von unserem Herzen zum Herzen von anderen Menschen aufzubauen. Dazu sprechen wir im Geiste jeweils vier kurze, klare Wünsche, die wir ständig wiederholen. Zum Beispiel sagen wir zu uns: »Möge ich glücklich sein« oder »Möge ich sicher und geborgen sein«. Jeder Herzenswunsch wirkt wie ein Same, der die potenzielle Energie einer guten Absicht in sich trägt. Unablässig werden in Herz und Geist die Samen der guten Wünsche ausgestreut. Dadurch bauen sich im Herzen Vertrauen und ein Gefühl des Beschützt-Seins auf.

Ergebnisse der Hirnforschung

Neurowissenschaftler haben herausgefunden, dass sich unser Gehirn ständig verändert und unterschiedlichen Anforderungen anpasst. Sie nennen dies »Neuroplastizität des Gehirns«. Das bedeutet: Alles, was durch den Geist strömt – Gedanken und Gefühle –, verändert das Gehirn. Folglich können wir mit bewusst formulierten Gedanken ebenfalls Einfluss nehmen. Der Hirnforscher Richard Davidson hat in einer Studie gezeigt, dass bereits zwei Wochen Herzmeditation die Gehirnaktivität verändern und Menschen mehr Wohlbefinden und Mitgefühl für sich und andere empfinden.

Wir formulieren in der Herzmeditation Wünsche, die allen Menschen gemeinsam sind. Sie gehen zurück auf universelle Grundbedürfnisse: Alle Menschen möchten glücklich sein, in Sicherheit leben, gesund sein und ein sorgenfreies Leben führen. Zu Beginn sprechen Sie diese Wünsche lange Zeit zu sich selbst hin, bis ein natürliches Bedürfnis aufkeimt, anderen Menschen auch Glück und Frieden zu wünschen. Dann richten Sie die Wünsche in einer Herz-zu-Herz-Kommunikation an gute Freunde oder Personen, denen Sie dankbar sind. Später üben Sie die Herzmeditation, indem Sie unbekannten Personen Ihre Wünsche schicken und dann Menschen, mit denen Sie Schwierigkeiten haben. Die Entwicklung von bedingungslosem Wohlwollen für sich selbst und alle Lebewesen ist das Ziel dieses Weges. »Wenn ihr mithilfe der Herzmeditation Wohlwollen und Vertrauen in eurem Geist aussät, werdet ihr Wohlergehen ernten«, hat Buddha gelehrt.

Woher kommt die Herzmeditation?

Die Anleitungen zur Herzmeditation gehen zurück auf den historischen Buddha, der vor ca. 2500 Jahren in Nordindien lebte. Er hat viele Jahre die Lehren und Anweisungen der damaligen Weisen selbst ausprobiert und festgestellt, dass keine zur Befreiung von Leiden führt – dem zentralen Ziel im Buddhismus. Im Ringen mit sich selbst fand er schließlich einen eigenen Weg und entwickelte Methoden, die seinen Schülern den Zugang zur inneren Freiheit öffneten.

Eine dieser Methoden, die besonders das Herz anspricht, ist die Metta-Meditation. Das Wort »Metta« stammt aus der altindischen Pali-Sprache, die zu Buddhas Zeiten gesprochen wurde. »Metta« bedeutet »Herzenswärme«, »liebevolle Güte« oder »Freundschaft«. Metta schenkt allen Lebewesen grenzenloses Wohlwollen. Weil sich alles in der Metta-Meditation auf den Seelenraum Herz ausrichtet, nennen wir die Metta-Meditation auch Herzmeditation. In der buddhistischen Lehre ist Metta die Verkörperung von bedingungsloser Liebe.

Ursprung der Metta-Meditation

Die Legende erzählt, dass Buddha die Metta-Meditation zum ersten Mal fünfhundert Mönche gelehrt hat, um ihnen zu helfen, mit verstörenden und beängstigenden Erfahrungen umzugehen. Die Mönche wurden in ihrer Meditationsklausur während der Regenzeit von verwirrenden Gedanken und Vorstellungen sowie Gefühlen von Angst, Unsicherheit und Verzweiflung geplagt. Buddha gab ihnen zum Schutz einen Text, den Metta-Text, den sie auswendig lernten und immer wieder rezitierten. Die stetige Wiederholung der Metta-Wünsche, dass es allen Lebewesen wohlergehen soll, sie glücklich sein und in Sicherheit leben mögen, beruhigte ihren Geist und besänftigte das Herz. Die Mönche übten, mit grenzenlosem Herzen alle Lebewesen zu lieben und ihnen Wohlwollen und Güte entgegenzubringen. Durch diese Schulung des Herzens wurden sie von ihren Ängsten befreit. Sie erfreuten sich am eigenen Wohlergehen und strahlten Wärme und Freude aus, sodass auch alle anderen Lebewesen ihnen mit Achtung und Freundlichkeit begegneten.

Auf dem Weg in den Westen

Seit Buddhas Zeiten wurde die Herzmeditationsmethode in Asien innerhalb von Klostergemeinschaften weitergegeben. Den Weg in den Westen fand sie schließlich durch Menschen, die in den 1960er- und 1970er-Jahren auf der Suche nach Selbsterkenntnis und innerer Erfüllung waren und in thailändischen und burmesischen Klöstern in der Metta-Meditation unterwiesen wurden. So wie Buddha es empfohlen hat, erprobten sie selbst die Methode, um eigene Erfahrungen damit zu sammeln. Sie erlebten, wie essenziell die Herzmeditation ihre Herzen verwandelte und welch großer Reichtum für die Menschen unserer Zeit darin verborgen liegt.

Weisheit durch Achtsamkeit

Auch wenn sich die Herzmeditation von der Achtsamkeitsmeditation unterscheidet (siehe Seite 17 und 18), ist sie doch untrennbar verbunden mit der Übung von Achtsamkeit – von bewusst gelenkter Aufmerksamkeit. Sind wir achtsam, dann wissen wir genau, was wir in diesem aktuellen Augenblick erfahren. Doch worauf achten wir, wenn wir mit anderen Menschen zusammen sind?

Meistens ist unsere Aufmerksamkeit ganz und gar bei dem Reden und Handeln von anderen. Wir versuchen, Stimme und Mimik zu deuten, dem Gespräch zu folgen und das Richtige zu tun. Es braucht viel Übung, gleichzeitig auch noch in sich selbst Gefühle zu spüren und zum Beispiel das eigene Bedürfnis nach Nähe und Distanz richtig einzuschätzen. Durch achtsames Gewahrsein lernen wir, die Signale unseres Körpers zu lesen, die zum Beispiel sagen: »Zupf nicht dauernd an deinem Halstuch, dabei verkrampfst du dich, spür lieber deine Füße auf dem Boden, um dich zu entspannen.« Mit Achtsamkeit stellen wir eine direkte Verbindung zu unseren Sinnesempfindungen her. Sie zeigt uns: Das spüre ich, das höre ich, das rieche ich, das schmecke ich – hier und jetzt, genau in diesem Moment.

Herzwahrnehmung im Alltag

Versuchen Sie, im alltäglichen Leben immer wieder bewusst an Ihren Seelenraum Herz zu denken und es zu spüren. So lernen Sie es besser kennen und können Antworten auf folgende Fragen finden:
- In welchen Situationen kann ich mein Herz deutlich spüren?
- Bei welchen Gelegenheiten ist mein Herz offen und weit?
- Wann ist mein Herz eher eng oder verschlossen?

Wie immer Ihrem Herzen auch zumute ist, nehmen Sie es mit einer freundlichen, liebevollen Haltung einfach zur Kenntnis.

Unser Herz weiß ganz genau, wie es sich öffnen kann, was sich zeigen soll und was nicht. Das geht ganz natürlich, wie das Öffnen einer Blüte. Wir brauchen nicht an den Blättern zu zupfen und keinen Druck auszuüben. Das Herz möchte nicht bedrängt werden und keine Forderungen erfüllen. Sanft und einfühlsam richten wir unsere Aufmerksamkeit auf unser Herz, ohne etwas zu erwarten.

Unsere Aufmerksamkeit kann wie eine Zoomlinse wirken – wir können an unser Herz ganz nah herangehen oder es von weiter entfernt betrachten. Die Aufmerksamkeit kann also fokussiert oder auf Weitwinkel gestellt sein und alle Zustände dazwischen annehmen. Je genauer wir das unterscheiden können, umso mehr entdecken wir, dass alle Perspektiven der Achtsamkeit nützlich sind, um unser augenblickliches Herzbefinden deutlich zu spüren und zu verstehen. Wenn wir lernen möchten, mit uns selbst liebevoller und fürsorglicher umzugehen, ist Achtsamkeit unsere wichtigste Verbündete.

Je geübter wir in der Kunst der Achtsamkeit sind, desto mehr verfeinert sich unsere Wahrnehmung. Am Anfang scheinen wir kaum etwas zu spüren. Nach regelmäßigem Hinhören stellen sich die ersten Regungen ein: »Lass dir mehr Zeit«, sagt das Herz, oder »Ich brauche Ruhe«. Je öfter wir achtsam sind, desto mehr baut sich unsere Fähigkeit auf, die Aufmerksamkeit gezielt zu lenken, und desto deutlicher nehmen wir unsere Herzensempfindungen und die damit verbundenen Gefühle und Gedanken wahr. Unser Vertrauen auf die dem Herzen innewohnende Weisheit wächst mit jedem Moment der Achtsamkeit.

ERFAHRUNGSBERICHT
Erfahrungen mit Metta-Gruppen

Ich unterrichte seit über zwanzig Jahren Meditation. In den ersten Jahren habe ich mich dabei ganz auf die Achtsamkeitsmeditation konzentriert. Danach verlagerte sich mein Schwerpunkt zunehmend auf Buddhas Herzmeditation – die Metta-Übung. Für mich als Lehrerin ist es auffallend, dass in Metta-Meditationsgruppen eine deutlich andere Atmosphäre herrscht als in reinen Achtsamkeitskursen. In der Herzmeditation können sich die Menschen leichter entspannen, ihre überhöhten Ansprüche werden früher aufgedeckt. Es wird kaum über Schmerzen beim Sitzen geklagt, weil die Herzmeditation voraussetzt, dass die Übenden sich so setzen, dass sie nicht an Schmerzen leiden. Körperbeschwerden bekommen einfach nicht so viel Spielraum, weil die Aufmerksamkeit zu den guten Wünschen hin gelenkt wird. Durch die klare Struktur der Metta-Sätze gehen die Gruppenmitglieder nicht so leicht in ihrem inneren Raum verloren – die Metta-Sätze sind »ein Geländer«, an dem entlang sie sich bewegen können, und vermitteln innere Stabilität. Und weil sich alle darauf fokussieren, gut mit sich selbst umzugehen, entsteht auch im Miteinander in der Gruppe eine warmherzig-wohlwollende Atmosphäre.

Marie Mannschatz

Die Früchte der Herzmeditation

Zielorientiert, wie wir in der westlichen Welt sind, fragen Sie sich vielleicht: Mit welchem Ergebnis kann ich rechnen, wenn ich die Herzmeditation übe. Unser Verstand will Fakten wissen und Resultate sehen, denn nur durch effizientes Vorgehen bewältigen wir den Berg an täglichen Aufgaben und Pflichten. Kann also die Herzmeditation zuverlässige Ergebnisse vorweisen?

Für Tania Singer, Leiterin des Max-Planck-Instituts für Kognitions- und Neurowissenschaften in Leipzig, ist aufgrund ihrer Forschung und der von Kollegen inzwischen klar: »Die Frage ist eigentlich nicht mehr, ob Meditation einen Effekt hat, sondern welche Meditation welchen Effekt hat, wie groß er ist und wie lange es dauert, bis er sich einstellt.« Nun hat die Wissenschaftlerin in einer groß angelegten neunmonatigen Studie mit 160 Probanden die Auswirkungen der Metta-Meditation und den Unterschied zur Achtsamkeitspraxis noch tiefer ergründet. Die konkreten Ergebnisse sind noch unveröffentlicht. Doch die Untersuchungen haben gezeigt, dass sich durch die Metta-Meditation der Wunsch, anderen zu helfen, vergrößert und das bewusste Empfinden von Vertrauen, Großzügigkeit und Dankbarkeit zunimmt.

Klarheit für Herz und Geist

Unabhängig von allen bisherigen Forschungsergebnissen – die Erfahrung lehrt: Durch die Herzmeditation entdecken wir die verschiedenen Seiten unseres Herzens. Sehr schnell wird deutlich, dass die Bewegungen des Herzens keinen logischen Gesetzmäßigkeiten folgen. Herzensdinge sind vielschichtig und intuitiv. Einerseits bekommen wir Zugang zu Herzensqualitäten wie Großzügigkeit, Freude, Mitgefühl oder Dankbarkeit für all das Gute, das wir schon haben. Auf der anderen Seite kommen wir auch in Kontakt mit Gefühlen, die uns zu schaffen machen, wie beispielsweise Neid, Eifersucht, Ärger oder Wut. So lernen wir, die unterschiedlichen Stimmen des Herzens klarer zu unterscheiden und diejenigen zu stärken, die uns wohltun. Das nährt und läutert unser Herz zugleich und schenkt uns innere Zufriedenheit.

Wir werden reifer
Bei unseren Herzmeditationskursen sind wir immer wieder erstaunt darüber, wie unmittelbar Menschen von der Einfachheit und Klarheit dieser Übung angesprochen werden. Die Herzmeditation wirkt beruhigend, führt aber auch zu einer Auseinandersetzung mit der eigenen Lebenswirklichkeit. Eine Teilnehmerin bemerkte einmal: »Ich dachte, ich hätte gut für mich gesorgt, doch nun sehe ich, wie viel ich im Alltag verdrängt habe und was alles angepackt werden möchte.«

Sowohl positive als auch unangenehme Gefühle, die Sie in Ihrem Leben erfahren haben, tauchen in der Meditation wieder auf. Sie erleben sie noch einmal, und diese innere Auseinandersetzung löst einen Klärungs- und Reifungsprozess aus. So fallen vom Herzen ganz allmählich die schweren Lasten ab, die vergangene Konflikte mit sich brachten.

Eine Quelle der Erneuerung
Durch die Herzmeditation wächst eine innere Erfüllung, die uns weniger anfällig macht für die Versuchungen der Konsumwelt. Auch die Bereitschaft, sich selbst auszubeuten, wird geringer. Denn wir bewegen uns weg vom Streben nach Äußerlichkeiten, hin zu den zentralen inneren Herzenswünschen. Wir gewinnen mehr Struktur und Klarheit für unser Leben. Dadurch verringert

sich auch die Gefahr, innerlich auszubrennen. Mit der Herzmeditation können wir unsere inneren Batterien regelmäßig aufladen, und wir wissen auch, wo sich die Ladestation befindet – in unserem Seelenraum Herz. Die moderne Psychologie nennt das »Ressourcenbewusstsein«. Das Nippen am Wasser der eigenen Essenz (siehe Seite 12) wird so zur Quelle der Erneuerung. Ganz natürlich entsteht dann der Wunsch, dieses Geschenk auch mit anderen zu teilen.

Mehr Mitmenschlichkeit und Freiheit
Wenn wir die Herzmeditation regelmäßig praktizieren, gewinnt partnerschaftliches Zusammenleben zunehmend an Bedeutung. Mitgefühl und Empathie ersetzen Vergleich und Wettbewerb im Miteinander, da Beziehungen nun höher eingeschätzt werden als materielles Vorankommen. Wir entwickeln Freude daran, einfacher und genügsamer zu leben, und denken dabei auch an kommende Generationen. Und wir befreien uns von dem Verlangen, Dinge zu besitzen. Es wird ersetzt durch den Impuls, mit anderen Menschen Verbindungen aufzunehmen und zu pflegen.

Darauf zu hören, was das Herz uns zu sagen hat, ist ein inneres Abenteuer. Dabei machen wir uns frei von Vorstellungen und Erwartungen, um mit einer weichen Offenheit das wahrnehmen zu können, was sich zeigt. Es geht nicht darum, bestimmte Ergebnisse zu erzielen. Die Herzmeditation ist kein Selbstverbesserungsprogramm. Im Gegenteil, die Herzübung ist ein Prozess, bei dem wir erkennen, wer wir sind. Wir üben eine Haltung der Akzeptanz gegenüber allem, was zum Leben gehört.

Auch in der Praxis gewährt uns die Herzmeditation eine große Freiheit: Jeder kann die Übungsform finden, die ihm oder ihr am besten entspricht. Ganz gleich, ob Sie täglich still auf dem Meditationskissen sitzen, ob Sie auf dem Weg zur Arbeit die Sätze im Geiste murmeln oder im Wartezimmer beim Arzt reihum die anderen Wartenden mit Ihren Sätzen heimlich beglücken – jeder Moment, in dem Sie Ihr Denken und Fühlen auf die Herzmeditation ausrichten, ist wertvoll und bringt Sie voran auf Ihrem Weg.

> »Der Urgrund der liebenden Zuwendung
> ist das Gefühl der Zufriedenheit damit,
> wer man ist und was man hat.«

Pema Chödrön | US-amerikanische buddhistische Nonne (*1936)

Mit dem Herzen denken

Ein Indianer-Schamane erzählte einst dem Psychoanalytiker Carl Gustav Jung, dass die weißen Menschen so grausam und voller Ärger seien, weil sie mit ihren Köpfen denken. Gesunde, zufriedene Menschen, sagte er, würden mit dem Herzen denken.

Die Herzmeditation vermittelt uns genau diese Fähigkeit, mit dem Herzen zu denken, vom Herzen her der Welt zu begegnen. Die Herzenskräfte, die der persische Mystiker Rumi in seinem Leben zur höchsten Vollkommenheit entwickelt hat, stehen mit der Herzmeditation uns allen offen. »Ich bin so klein, man kann mich kaum sehen, wie kann die Liebe in mir nur so groß sein?«, ruft Rumi aus. Und er antwortet sogleich: »Schau deine Augen an. Sie sind auch ganz klein, doch sie können enorm Großes sehen.« Zusammengefasst können wir sagen, die Herzmeditation
- nutzt die Kraft der Worte,
- schenkt uns Nähe zu uns selbst,
- kräftigt den Kontakt von Herz zu Herz,

- strukturiert und fokussiert unseren Geist,
- weist uns den Weg zu vollkommener Akzeptanz,
- führt zu innerem Frieden,
- reinigt von altem Ballast,
- verringert das Verlangen nach Äußerlichkeiten.

Zum Aufbau des Buches

Schritt um Schritt möchten wir Sie hinführen zum achtsamen Spüren Ihrer Herzensbedürfnisse. Wir gehen dabei so vor wie auch in unseren Kursen. Die Beschreibung der traditionellen Meditationspraxis haben wir ergänzt durch Übungen, die zu einer ganzheitlichen Herzensschulung beitragen. Außerdem finden Sie immer wieder Erfahrungsberichte von uns oder von Kursteilnehmern sowie »Herzöffnergeschichten«, die das, worum es bei der Herzmeditation geht, veranschaulichen.

Nach der Einführung in diesem Kapitel erfahren Sie, wie Sie mit den guten Wünschen der Herzmeditation Wohlwollen für sich selbst üben können und damit bedingungslose Selbstliebe entwickeln. Danach üben Sie, bewusst Kontakt zu anderen Menschen aufzunehmen. Menschen, zu denen Ihre Zuneigung leicht fließt, von denen Sie unterstützt wurden, sowie zu Menschen, denen Sie neutral oder auch ablehnend gegenüberstehen. Durch diese inneren Begegnungen mit den verschiedenen Personen werden unterschiedliche Qualitäten Ihres Herzens angesprochen. Schließlich lernen Sie den buddhistischen Weg kennen, auf dem Sie bedingungslose Liebe für alle Menschen entwickeln können. Dadurch spüren Sie die Verbundenheit mit allen Lebewesen. Haben Sie diese umfassende Liebe im Herzen, dann fühlen Sie mit anderen Menschen mit, ob diese nun leiden oder sich freuen. Darüber hinaus lernen Sie im letzten Kapitel die Meditationen zu Mitgefühl, Freude und Gelassenheit kennen.

Bevor Sie zum ersten Mal üben, sollten Sie die ersten beiden Kapitel gelesen haben und Klarheit über die Formulierung Ihrer eigenen Sätze der Herzmeditation haben.

Nun wünschen wir Ihnen viel Freude bei Ihrer ersten Herzmeditation.

MEDITATION

Kontakt zum Herzen aufnehmen

Mit dieser ersten Meditationsanleitung laden wir Sie ein, näher zu Ihrem Herzen hinzuspüren. Nehmen Sie sich 15 Minuten Zeit und wählen Sie einen ruhigen Ort, an dem Sie ungestört meditieren können (stellen Sie auch das Telefon ab). Suchen Sie sich einen Platz, an dem Sie möglichst lange ruhig in aufrechter Position sitzen können, ohne sich bewegen zu müssen. Das kann in einem Sessel, auf einem Stuhl oder auf dem Boden sein. Entscheidend ist, dass Sie sich in Ihrer Haltung wohlfühlen und zur Ruhe kommen können.

- Richten Sie zu Beginn der Meditation für etwa drei Minuten Ihre Aufmerksamkeit auf die Körperstellen, mit denen Sie Boden und/oder Sitzgelegenheit berühren. Spüren Sie das Gewicht Ihres Körpers und entspannen Sie sich, sodass Ihr Körper immer breiter und schwerer in seine Auflageflächen hineinsinkt. Lassen Sie Schultern und Kiefer hängen und entspannen Sie auch Stirn und Gesicht.
- Streifen Sie mit Ihrer Aufmerksamkeit weitere drei Minuten durch den ganzen Körper und spüren Sie, ob es irgendwo besondere Empfindungen (Wärme, Kälte, Kribbeln, Schmerz) gibt, die Sie ohne jegliche Bewertung einfach zur Kenntnis nehmen. Fühlen Sie dabei auch das ganz natürliche Kommen und Gehen Ihres Atems, ohne ihn zu verändern.

- Richten Sie nun die Aufmerksamkeit auf Ihren Herzraum, auf den Bereich in Ihrem Körper, in dem Ihr Herz zu Hause ist. Bedenken Sie, dass dieser Raum nicht identisch sein muss mit dem Ort, an dem Ihr anatomisches Herz schlägt. Zuweilen empfinden Menschen hier deutliche Abweichungen. Manche Menschen spüren zunächst überhaupt keinen Herzraum. Wenn es Ihnen ebenso ergeht, dann peilen Sie mit Ihrer Vorstellung den Ort in Ihrem Körper an, den Sie mit Ihrem Herzen verbinden.
- Sie können Ihr Herz ganz zart rufen: »Mein liebes Herz, wo bist du? Wie geht es dir?« Machen Sie sich möglichst keine Vorstellung davon, was geschehen sollte. Der Dialog mit unserem Herzen baut sich meist erst sehr langsam auf. Sie brauchen Geduld und die ehrliche Bereitschaft, dem Herzen Interesse zu schenken. Dadurch stärken Sie die Empfindungen im Herzen, und mit der Zeit wird sich der Kontakt einstellen.
- Stellen Sie sich vor, in der Mitte Ihres Herzraumes befindet sich die Blütenknospe Ihrer Lieblingsblume. Sehen Sie vor Ihrem inneren Auge die Farbe dieser Knospe und lassen Sie jetzt in Ihrer Vorstellung diese Knospe ganz langsam in Ihrem Herzen aufgehen. Spüren Sie, wie die Blüte mehr und mehr ihren Duft verströmt und Ihren Herzraum damit erfüllt. Verweilen Sie einige Minuten in dieser Vorstellung.
- Fragen Sie jetzt: »Mein Herz, wie geht es dir in diesen Tagen? Sorge ich gut für dich? Hast du Wünsche an mich?«
- Hören Sie auf die intuitiven Antworten, die sich einstellen. Wenn Sie keine Antworten vernehmen können, bleiben Sie ruhig sitzen und sprechen Sie wiederholt ganz leise im Geiste die Worte: »Mein Herz, mein liebes Herz …«
- Spüren Sie dabei das entspannte Kommen und Gehen Ihres Atems und das Gewicht Ihres Körpers und freuen Sie sich daran, lebendig zu sein, beschenkt mit den unendlich vielen Möglichkeiten des menschlichen Daseins.

- Fühlen Sie deutlich in Ihrem Körper, dass Sie in diesem Moment sicher und geborgen sind, dass Sie sich beschützt und wohlfühlen.
- Nehmen Sie alle Empfindungen und Antworten Ihres Herzens wohlwollend wahr und schenken Sie ihnen Beachtung. Vielleicht möchten Sie das, was Ihr Herz Ihnen sagt, auch gleich umsetzen?

Sie können, sooft Sie möchten, auf diese Weise Kontakt zu Ihrem Herzen aufnehmen. Lesen Sie zum Thema Meditationspraxis auch die Seiten 167–171; dort erfahren Sie, wie Sie Ihren eigenen, persönlichen Weg in der Herzmeditation finden.

Wohlwollen für uns selbst

*Die Herzmeditation wirkt über die Kraft der Worte:
Wir säen durch die vier Metta-Sätze die Samen
guter Wünsche in unser Herz. Zunächst wünschen wir
geduldig und regelmäßig Gutes für uns selbst.
Dann können wir uns an den Blüten und Früchten
erfreuen, die uns diese Meditation schenkt:
Wir akzeptieren uns selbst und erkennen deutlicher,
worauf es ankommt in unserem Leben.*

Freundschaft mit sich selbst schließen

Sehnen Sie sich nicht auch nach einem Menschen, der Sie bedingungslos akzeptiert und liebt und der Sie annimmt, mit allem, was zu Ihnen dazugehört? Es gibt uns ein Gefühl von Zu-Hause-Sein, wenn wir so sein können, wie wir gerade sind. Wir fühlen uns angenommen, wenn wir keine Angst davor haben müssen, Fehler zu machen, wenn wir das sagen können, was uns in den Sinn kommt, wenn wir auch in schwierigen Situationen mit Verständnis und Anteilnahme rechnen können und unsere Schwächen nicht verurteilt werden.

Sie finden in sich selbst, was Sie suchen

Dieses Grundbedürfnis, sich gut aufgehoben und sicher in der Welt zu fühlen und geliebt zu werden, richtet sich zuerst an unsere Eltern. So wie bei der fünf Jahre alten Marlene: Die größeren Kinder toben beim Grillabend wild im Garten herum. Sie nehmen die kleine Marlene gar nicht wahr, schubsen sie sogar, sodass sie hinfällt und sich wehtut. Weinend läuft sie zu ihrer Mutter, die Marlene zärtlich in den Arm nimmt. Die Botschaft: Mama sieht mich, und dort finde ich Beachtung und Trost. Durch diese bedingungslose Annahme und Liebe kann sich Vertrauen entwickeln, Vertrauen zu sich selbst und zu anderen. Doch selbst die besten Eltern können den Idealvorstellungen nicht immer gerecht werden, und bewusst und unbewusst können Eltern ihre Kinder verletzen oder ihnen nicht die gewünschte Beachtung schenken. Davon haben wir alle Beispiele zu erzählen. Eine Kursteilnehmerin berichtete zum Beispiel von Szenen aus ihrer Kindheit, die während eines Herzmeditationskurses in ihr auftauchten. Sie sah sich allein in ihrem Zimmer sitzen, erfüllt von Traurigkeit. Das kleine Mädchen fühlte sich von der Mutter nicht verstanden. Es gab sich viel Mühe, seine Mutter bei der Arbeit zu entlasten, und versuchte, allen Erwartungen gerecht zu werden. Inbrünstig wartete das Kind darauf, dass die Mutter in sein Zimmer kommen und bemerken würde, wie traurig es ist. Wie sehr sehnte es sich nach Trost in den mütterlichen Armen. Doch das Mädchen hat vergebens gewartet. Jetzt, als erwachsene Frau, konnte die Kursteilnehmerin beides im Herzen spüren – ihren eigenen Schmerz, aber auch das Unvermögen ihrer Mutter. Sie war tief davon überzeugt, dass die Mutter ihr Bestes getan hat und dem kleinen Mädchen einfach nicht geben konnte, was sie selbst von ihren Eltern nicht erfahren hatte.

ERFAHRUNGSBERICHT
Ein erlösendes Kompliment

Als blutjunge Meditationslehrerin habe ich in den USA meine erste Lehrübung absolviert, eine Metta-Meditation zu Selbstliebe. Das war in vielfacher Hinsicht eine große Herausforderung: die fremde Sprache, die unbekannte Situation, das Sprechen vor 200 Leuten. Ich hatte horrendes Lampenfieber, und während der Meditation glaubte ich, nur zu stammeln. Mit Müh und Not hangelte ich mich durch die vor mir liegenden Notizen. Nach dem abschließenden Gong kam eine Teilnehmerin auf mich zu, die ich schon vom Sehen her kannte. Ich war immer noch sehr aufgewühlt und befürchtete das Schlimmste. Doch die Frau flüsterte mir leise ins Ohr, dass dies die schönste Anleitung zur Freundschaft mit sich selbst gewesen sei, die sie je gehört habe. Vielleicht hat sie meine Not gespürt und wollte mich nur trösten. Doch ich atmete von Herzen dankbar auf.

Marie Mannschatz

Wenn wir uns nicht auf den Weg machen und lernen, fürsorglich mit uns selbst zu sein, dann leben wir die Verhaltensmuster, die wir selbst in unserer Kindheit verinnerlicht haben, und wir geben sie an unsere eigenen Kinder weiter. Allzu oft meinen wir dann, andere sollten unsere Wunden heilen. Wir suchen die Liebe und Anerkennung, die wir von den Eltern nicht bekommen haben, bei einem Partner oder einer Partnerin. Wir schauen auf andere Menschen und suchen ihre Liebe. Doch wer könnte geeigneter sein als wir selbst, uns das zu geben, was wir uns wünschen. Mit den Übungen der Herzmeditation entwickeln wir eine wohlwollende Haltung für uns selbst und lernen, uns anzunehmen, wie wir sind.

Zweifel am Selbstwert

Stellen Sie sich vor, Sie kommen abends von der Arbeit nach Hause und haben das hohe Pensum geschafft, das Sie sich für den Tag vorgenommen hatten. Ihre perfekt ausgearbeitete Power-Point-Präsentation ist bei den Kunden sehr gut angekommen, das Gespräch mit der Chefin ist bestens verlaufen, und die Gehaltserhöhung ist wunschgemäß verhandelt. Ein äußerst erfolgreicher Tag! Sie sind zufrieden und fühlen sich gut, vielleicht etwas erschöpft, aber Sie haben all Ihre Vorstellungen umgesetzt und Ihre Erwartungen an sich selbst erfüllt. Doch es ist ein seltener Idealfall, dass uns alles gelingt und wir mit dem Ergebnis unserer Bemühungen vollauf zufrieden sind. Haben sich unsere Vorstellungen nicht verwirklicht, argumentieren wir oft in Gedanken weiter und grübeln, wie wir die Gehaltserhöhung doch noch bekommen könnten – oder wir zweifeln an unserem Selbstwert und fragen uns, ob wir der Aufgabe wirklich gewachsen sind. Nur wenn alles perfekt war, dann fühlen wir uns gut und bestätigt. Aber was ist, wenn wir nicht erfolgreich sind und uns unsicher und überfordert fühlen oder voller Sorgen und Ängste? Gerade dann sehnt sich unser Herz ganz besonders nach Wärme und Angenommen-Sein.

Der innere Kritiker

Erfüllen wir unsere Erwartungen nicht, sind wir oft zu streng mit uns. Statt Verständnis für unsere Situation zu zeigen, verurteilen wir uns dafür, es nicht besser geschafft zu haben. Wir hören dann eine innere Stimme, die uns unablässig bewertet und mit anderen vergleicht. Sie kritisiert uns, äußert ständig Unzufriedenheit und sorgt dafür, dass wir hart arbeiten, um unseren Ansprüchen gerecht zu werden. Diese Stimme gehört einem inneren Kritiker, einem ständigen Antreiber, der oft dafür sorgt, dass wir uns ausbeuten und überfordern. Wir könnten ihn auch den inneren Richter nennen, der uns verurteilt, oder die Perfektionistin, der nichts gut genug ist.

HERZÖFFNER
Großherzige Starthilfe

Zu Beginn der 1980er-Jahre arbeitete Claudia als Erzieherin und träumte von einem Medizinstudium. Als sie den Zulassungsbescheid erhält, macht sie Luftsprünge. Doch wovon soll sie künftig leben? Gute Freunde überredeten sie, eine Anzeige zu schalten: »Medizinstudentin sucht Mäzenin« – mit Kontonum-

mer und dem Versprechen, das Geld zurückzuzahlen. Sechs Wochen später gingen 3000 DM auf Claudias Konto ein. Dadurch konnte sie einen guten Einstieg ins Studium finden. Sie hat nie erfahren, woher das Geld kam, denn als sie es später zurückzahlen wollte, stellte sie fest, dass auf dem Überweisungsschein der Name einer Dichterin aus dem frühen Mittelalter stand – Roswitha von Gandersheim.

Wenn wir unserem inneren Kritiker zuhören, können wir entdecken, dass er oder sie vielleicht mit den Worten unserer Mutter oder unseres Vaters spricht. Es sind Worte, die wir in der Kindheit oft gehört haben, wie beispielsweise »Du musst dich mehr anstrengen, sonst bringst du es nicht weit im Leben« oder »Nimm dich nicht so wichtig«. Und diese Worte sind nun zu unseren eigenen geworden. In unserer Kindheit sorgten sie dafür, dass wir das beherzigten, was unsere Eltern uns sagten, um nicht zurechtgewiesen oder bestraft zu werden. Aber wir haben diese Worte verinnerlicht und nicht abgelegt wie die Kleider, aus denen wir herausgewachsen sind. Wir haben sie als unseren inneren Kritiker mitgenommen, der uns nun ständig begleitet und bewertet.

Mit unserer eigenen Kritik verletzen wir uns selbst, ohne dies bewusst wahrzunehmen, da die innere bewertende Stimme längst zu einer Gewohnheit geworden ist. Bestimmte Persönlichkeitsanteile oder Eigenschaften, die nicht in das gewünschte Bild von uns passen, haben wir deshalb nach und nach verdrängt und aus unserem Blick verbannt – beispielsweise die Hilfsbedürftige in uns, den Zweifler, den Einsamen oder die Verlassene. Alle diese verdrängten inneren Stimmen haben aber eine Geschichte zu erzählen, die meist schmerzhaft oder mit Kränkung und Ablehnung verbunden ist. Sie warten darauf, gehört zu werden. Die Herzmeditation hilft uns, mit diesen Stimmen und Gefühlen wieder in Kontakt zu kommen. Gelingt es uns, die verdrängten Anteile als einen Teil von uns zu akzeptieren, hören sie auf, im Verborgenen zu wirken. So öffnen wir uns und unser Herz für alles, was zu uns gehört. Wir werden wieder vollständig und ganz.

Der verborgene goldene Kern

Liebe müssen wir nicht verdienen, sie ist unsere Natur. Der amerikanische Meditationslehrer Jack Kornfield sagt, Liebe zu erfahren, ist unser Geburtsrecht. Er bezieht sich dabei auf Aussagen der buddhistischen Überlieferung, dass wir einen uns innewohnenden edlen Kern, eine ursprüngliche Güte und Liebe besitzen. Aber leidvolle Erfahrungen und Verletzungen haben uns bewogen, unser Herz zu verschließen, um uns zu schützen und die Schmerzen nicht fühlen zu müssen.

Oft liegen die Verletzungen weit zurück in unserer Kindheit und Jugend. Wir alle haben Leid erfahren. Sei es, weil wir mit Eltern aufgewachsen sind, die aufgrund ihrer eigenen Geschichte nicht in der Lage waren, sich gut um uns zu kümmern, und wir früh Verantwortung übernehmen mussten. Sei es, weil wir einen geliebten Menschen verloren haben, viel alleine waren oder plötzlich mit fremden Personen konfrontiert wurden. Wir alle können uns auch an Schwierigkeiten in der Pubertät erinnern, verbunden mit Scham und Peinlichkeiten. Wir fühlten uns vielleicht aus einer Clique ausgestoßen beziehungsweise nicht dazugehörig oder haben uns selbst isoliert, um der Gefahr zu entgehen, uns in der Gruppe zu blamieren oder bloßgestellt zu werden.

Wir haben gelernt, uns vor Verletzungen zu schützen, indem wir den Zugang zu unserem Herzen versperrt haben mit dem

Versprechen: Das wird nicht noch einmal passieren, das lasse ich nicht zu. Häufig wurde dabei der Glaube, dass wir liebenswert sind, tief erschüttert, oder wir haben ihn ganz und gar verloren. Doch die Schutzschicht schützt nicht nur, sie verdeckt auch unseren goldenen Kern.

> »Du kannst das ganze Universum erforschen
> und wirst niemanden finden,
> der mehr der Liebe wert ist als du selbst.«
>
> Worte des Buddha (aus dem Udana)

Im Jahr 1955 entdeckte ein thailändischer Mönch einen Riss in einem aus Ton geformten Buddha und sah darunter etwas Glänzendes. Vorsichtig und unermüdlich trug er die Tonschicht ab, und zum Vorschein kam eine Buddha-Figur aus massivem Gold. Dieser verborgene goldene Kern im Ton stellt symbolisch die allen Menschen innewohnende Güte und Liebe dar. Durch den Übungsweg der Herzmeditation kommen wir in Berührung mit unseren Schutzschichten sowie den darunter verborgenen Gefühlen. Und mithilfe dieser Zuwendung wird es möglich, die alten Verletzungen mehr und mehr zu heilen. Schritt für Schritt arbeiten wir uns durch die Schichten und schaffen so einen Zugang zu unserem empfindsamen Herzen und entdecken all die Liebe, die in uns ist. Dann wird es möglich, sich selbst mit Wertschätzung und Anerkennung zu begegnen.

ÜBUNG
Das Gute in sich entdecken

Nehmen Sie sich einige Minuten Zeit, um die folgenden Fragen auf sich wirken zu lassen und den Antworten aus Ihrem Herzen zu lauschen.

- Wem haben Sie in den vergangenen Tagen ein freundliches und wohlwollendes Wort gesagt oder ein Lächeln geschenkt?
- Wann haben Sie sich selbst etwas Gutes getan oder gegönnt?
- Gab es in der letzten Zeit eine Gelegenheit, in der Sie großzügig waren? Waren Sie großzügig mit sich selbst oder mit anderen?

Nehmen Sie die Antworten Ihres Herzens entgegen und erfreuen Sie sich noch einmal daran. Welche Empfindungen spüren Sie jetzt in Ihrem Körper?

Die vier Wünsche der Herzmeditation

Die Herzmeditation oder Metta-Meditation, wie sie in der alten indischen Pali-Sprache genannt wird, arbeitet mit vier kurzen, klar formulierten Sätzen, die im Geiste regelmäßig wiederholt werden. Diese Sätze bilden ein hilfreiches Gerüst, an dem sich die innere Achtsamkeit orientieren kann. Da unser Geist von Natur aus ständig und unablässig alle möglichen Gedanken kreiert, wird er durch das Wiederholen der Sätze gezielt ausgerichtet (siehe auch Seite 18). Mit den Sätzen drücken wir wohlwollende Wünsche aus, wie »Möge ich unbeschwert leben«. Durch das Denken an die guten Wünsche bleibt weniger Raum für andere Gedanken. Wir geben unserem unruhigen Geist die Aufgabe, die Herzenswünsche zu sprechen und kontinuierlich zu wiederholen.

So wird unsere Aufmerksamkeit immer wieder sanft auf die guten Wünsche hin zentriert.

Sich dem Herzgeist zuwenden

Unsere Gedanken haben Auswirkungen auf das, was wir fühlen und tun. Buddha lehrte: »Wir sind, was wir denken. Alles, was wir sind, entsteht mit unseren Gedanken. Mit unseren Gedanken erschaffen wir die Welt.« In buddhistischen Kulturen gibt es für Geist und Herz nur das eine Wort »citta« (tschita), worunter sowohl das Denken als auch das Fühlen verstanden wird. Es gibt keine Trennung zwischen Geist und Herz, es ist ein und dasselbe. Citta können wir als Herzgeist bezeichnen. Sharon Salzberg, eine amerikanische Meditationslehrerin, schreibt dazu: »Je mehr wir uns dem Erleben und der Erfahrung von Herzgeist öffnen, desto besser verstehen wir, wer wir sind, und umso besser können wir uns um uns kümmern.«

ÜBUNG
Einen eigenen Herzöffner finden

Mit dieser Übung möchten wir Sie zu Ihrem eigenen Herzöffner hinführen. Der Herzöffner ist ein inneres Bild oder eine Gefühlserfahrung, die schon beim Gedanken daran Ihr Herz öffnet und Sie weich stimmt.
- Machen Sie sich bewusst, dass Sie in diesem Moment beschützt und gut aufgehoben sind, getragen im sanften Kommen und Gehen des Atems. Bemühen Sie sich, dieses Aufgehoben-Sein wirklich physisch zu spüren.

- Spüren Sie nun mit wachen Sinnen alle Empfindungen in Ihrem Herzraum und stellen Sie sich vor, Ihre Aufmerksamkeit wirkt wie wärmendes Licht, das die Poren öffnet und das Blut leicht und ungehindert fließen lässt.
- In Ihrer Erinnerung steigen nun Momente auf, in denen Sie eine tiefe Rührung in Ihrem Herzen empfunden haben, Momente, in denen Ihnen unvermittelt die Tränen in die Augen traten. Vielleicht kommt Ihnen der Augenblick in den Sinn, als Ihr Liebster/Ihre Liebste »Ja« gesagt hat oder Sie ein Neugeborenes im Arm hielten. Manche erinnern sich an einen Lieblingsplatz in der Natur, einen Abend am Feuer, die schnurrende Katze auf ihrem Bauch oder den über die Wiese flitzenden Hund.
- Wählen Sie einen dieser Herzberührungsmomente aus und rahmen Sie ihn in Ihrer Vorstellung als Ihr Herzöffnungsbild ein. Damit sind Sie sicher: Bei diesem Anblick geht mir das Herz auf.
- Schauen Sie im Geiste auf dieses Bild – Ihren Herzöffner – und spüren Sie, was sich in Ihrem Herzen dabei regt.

Ihr Herzöffner eignet sich als Einstieg in die eigentliche Herzmeditation (Seiten 45–52) und kann zu Beginn einer jeden Meditationssitzung erinnert werden.

Die Samen ausstreuen

Die Wünsche der Herzmeditation, wie »Möge ich glücklich sein« oder »Möge ich gesund sein«, sind Samen, die wir in unser Herz und unseren Geist säen (siehe Seite 18). Die Sätze sind der Ausdruck einer guten Absicht. Wir erschaffen mit diesen Wünschen einen Raum, in dem Glück möglich sein kann. Wir säen eine Prise Hoffnung.

Die Ausübung der Herzmeditation können wir uns wie Gartenarbeit vorstellen. Wir streuen die guten Wünsche in unser Herz wie Blumensamen in die Erde. Anstelle der Samen von Sonnenblumen oder Margeriten sind es Samen von Glück, Schutz, Geborgenheit, Gesundheit und Frieden. Damit sie gut aufgehen und sich entfalten können, brauchen Blumensamen regelmäßig Wasser, Sonnenschein und Dünger. Auf unsere Wünsche wirken Geduld und Vertrauen wie Sonne und Wasser und die kontinuierliche Übung wie Dünger.

- Vertrauen Sie darauf, dass wachsen wird, was Sie säen, auch wenn Sie am Anfang noch nichts erkennen oder spüren. Mit der Herzmeditation üben Sie, sich selbst zu vertrauen und sich darauf zu verlassen, dass Sie alles haben, was Sie brauchen, um zu wachsen und Herzenswärme und liebevolle Güte zu voller Blüte zu entwickeln.
- Haben Sie Geduld mit sich und lassen Sie sich Zeit. Bleiben Sie neugierig und wiederholen Sie regelmäßig Ihre Herzenswünsche, auch wenn Sie noch wenig spüren. Der Same keimt unterirdisch, unsichtbar. Irgendwann aber schiebt sich ein zarter Trieb durch die Erde ans Licht. Sie entdecken ein kleines Pflänzchen und spüren Freude oder Frieden oder das Gefühl von Geborgenheit.
- Wenn Sie beständig üben, schaffen Sie damit ein energetisches Feld, das Sie immer wieder mit den guten Wünschen aufladen. Durch diese Pflege wächst das zarte Pflänzchen zu einer kräftigen Blume mit vielen Blütenknospen heran. Und so wie sich die Knospen entfalten und die Blüten dann in voller Schönheit leuchten, öffnet sich unser Herz, und wir strahlen Liebe und Freundlichkeit aus.

Die vier Metta-Sätze

Die Sätze oder Herzenswünsche sind in der Metta-Meditation seit Buddhas Zeiten wohlerprobt. Zu ihrer Formulierung und Anwendung gibt es folgende Regeln:
- Sie sind stets in der Möge-Form, im Konjunktiv formuliert. Dies stellt eine Offenheit her, die nicht auf bestimmte Ergebnisse fixiert ist.
- Sie sind kurz und knapp abgefasst und drücken das Wesentliche aus.
- Sie benennen universelle Wahrheiten, die auf alle Menschen zutreffen.
- Sie sollten, einmal ausgewählt, nicht mehr verändert werden, damit sie ihre Wirkung voll entfalten können. Die vier aus dem südostasiatischen Buddhismus überlieferten Metta-Sätze lauten:
  → Möge ich glücklich sein.
  → Möge ich sicher sein vor inneren und äußeren Gefahren.
  → Möge ich gesund sein.
  → Möge ich unbeschwert leben.

Sie können – unter Beachtung der oben genannten Regeln – kleine eigene Variationen der Wunschsätze entwickeln. Zuweilen scheinen die traditionellen Sätze etwas fade oder leblos. Es fällt schwer, sich darauf einzulassen oder die Sätze aktiv im Bewusstsein zu halten. Ist das der Fall, können Sie ein Wort austauschen oder ergänzen, um auf diese Weise mehr Akzeptanz und innere Aktivität zu bewirken. Alle Sätze sollten aber so formuliert sein, dass sie von ihrem Kern her auf alle Lebewesen zutreffen. Sprechen Sie keine aktuellen persönlichen Themen an, wie: »Möge ich endlich klare Grenzen ziehen.« Individuelle Wünsche dieser Art finden Platz in einem fünften Satz (siehe Seite 53).

Der erste Wunsch

Der erste Satz spricht den universellen Wunsch aller Menschen nach Glück an und heißt: »Möge ich glücklich sein.« Der Dalai Lama sagt: »Jedermann möchte glücklich sein. Niemand möchte leiden.« Was glücklich zu sein im Einzelnen konkret bedeutet, sieht für jeden Menschen anders aus. Sie werden mit der Zeit durch diese Meditation selbst herausfinden, was Glück für Sie ist und wie Sie ein glückliches Leben gestalten möchten. Wenn möglich, bleiben Sie bei diesem Satz. Nur wenn Sie starke Abneigung und Widerstand dagegen spüren, dann verwenden Sie ein anderes, ebenfalls universell gültiges Wort anstelle von »glücklich«, etwa »zufrieden«, und sagen »Möge ich zufrieden sein« oder »Möge ich in Frieden leben« (siehe auch Seite 48).

Der zweite Wunsch

Im zweiten Herzenswunsch wird ebenfalls ein Urbedürfnis eines jeden Menschen angesprochen: äußerlich geschützt und unverletzt zu bleiben und innerlich nicht von Konflikten und Sorgen beherrscht zu werden. Die überlieferte Formulierung für den zweiten Satz heißt: »Möge ich sicher sein vor inneren und äußeren Gefahren.« Sie können hier eine kürzere Variante wählen, wie »Möge ich sicher sein«, gerne auch »Möge ich mich sicher und geborgen fühlen« (siehe auch Seite 48).

Der dritte Wunsch

Der dritte Satz richtet sich auf das allen Lebewesen innewohnende Bedürfnis nach Gesundheit. Wir alle möchten frei von Krankheit sein, deshalb lautet der Wunsch: »Möge ich gesund sein.« Wenn Sie eine chronische oder unheilbare Krankheit haben, können Sie den Satz abwandeln: »Möge ich gute Körperkraft haben« oder »Möge ich mich körperlich wohlfühlen« (siehe auch Seite 49).

Der vierte Wunsch

Im vierten Satz geht es um den Wunsch, eigenständig und unabhängig für sich selbst sorgen zu können. Wir möchten alleine unsere Existenz sichern und organisieren. All das steckt in der etwas allgemeinen traditionellen Formulierung »Möge ich unbeschwert leben«. Sie können auch sagen: »Möge ich gut für mich selbst sorgen« oder »Möge ich frei und unabhängig sein« (siehe auch Seite 49).

Die heilsamen 4 Sätze der Herzmeditation

1. Der Wunsch nach Glück

Möge ich glücklich sein.
Möge ich glücklich und froh sein.
Möge ich Glück erfahren und
   die Ursachen des Glücks.
Möge ich in Frieden leben.
Möge ich zufrieden sein.
Möge ich Ruhe und inneren Frieden finden.
Möge mein Herz weit werden.
Möge sich mein Herz öffnen.
Möge ich mit Herzenswärme erfüllt sein.

2. Der Wunsch nach Sicherheit

Möge ich sicher sein.
Möge ich in Sicherheit leben.
Möge ich mich sicher und geborgen fühlen.
Möge ich frei von inneren und
   äußeren Gefahren sein.
Möge ich beschützt sein vor inneren und
   äußeren Verletzungen.

3. Der Wunsch, gesund zu sein

Möge ich gesund sein.
Möge ich kräftig sein.
Möge ich gesund werden.
Möge ich mich wohlfühlen.
Möge ich körperlich und
   geistig gesund sein.

4. Der Wunsch nach Unbeschwertheit

Möge ich unbeschwert leben.
Möge ich mit Leichtigkeit
   durch meinen Alltag gehen.
Möge ich gut für mich selbst sorgen.
Möge ich frei und unabhängig sein.
Möge ich sorgenfrei sein.
Möge ich vergnügt und
   vertrauensvoll leben.
Möge ich heiter und unbeschwert leben.

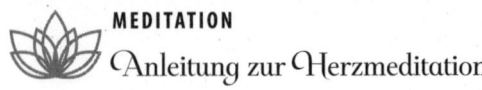

MEDITATION

Anleitung zur Herzmeditation

Im Folgenden wollen wir Ihnen vermitteln, wie Sie Ihre Versionen der Sätze in der Meditation finden und anwenden.

Erste Phase: Körper und Herz spüren

- Setzen Sie sich wohlig und entspannt hin. Schließen Sie die Augen und streifen Sie mit Ihrer Aufmerksamkeit für einige Minuten durch den ganzen Körper, vom Scheitel zu den Zehenspitzen, bis Sie ihn einmal von oben nach unten durchkämmt haben. Nehmen Sie auffallende Empfindungen zur Kenntnis, ohne sich weiter damit zu beschäftigen.
- Spüren Sie nun zu Ihrem Herzraum hin, zu dem Bereich in Ihrer Brust, wo Ihr Herz zu Hause ist. Was empfinden Sie hier? Lassen Sie sich nicht davon irritieren, wenn Sie anfangs hier wenig spüren. Stellen Sie im Geiste eine Verbindung zu Ihrem Seelenraum Herz her und bedenken Sie, dass dieser nicht unbedingt identisch mit Ihrem anatomischen Herzen sein muss. Es kann Ihnen auch helfen, zeitweilig eine Hand auf Ihren Herzraum zu legen.

Zweite Phase: Sätze 1 und 2

- Sprechen Sie nun fünf Minuten lang im Geiste immer wieder den ersten Satz der Herzmeditation »Möge ich glücklich sein«.
- Sprechen Sie mit einer liebevollen inneren Stimme und machen Sie dazwischen kurze Pausen, um den Satz nachwirken zu lassen.
- Nach etwa fünf Minuten wenden Sie sich dem zweiten Satz zu und probieren verschiedene Versionen aus. Wenn Sie schließlich Ihre Formulierung gefunden haben, sprechen Sie diesen zweiten Satz fünf Minuten lang lautlos im Inneren zu sich selbst.

- Sprechen Sie weitere fünf Minuten lang den ersten und den zweiten Satz abwechselnd in einem ruhigen, entspannten Rhythmus.
- Üben Sie in den kommenden Tagen in einigen Meditationssitzungen die ersten beiden Sätze, bis diese in einem guten Fluss sind, bevor Sie fortfahren.

Dritte Phase: Sätze 1 bis 3
- Wenn Sie das Interesse verspüren, einen weiteren Satz anzufügen, lesen Sie zur Vorbereitung noch einmal die erste und zweite Phase und die Vorschläge für einen dritten Satz auf Seite 49.
- Haben Sie Ihre Formulierung gefunden, sprechen Sie Ihren dritten Satz einige Minuten lang lautlos zu sich selbst.
- Fügen Sie nun Ihren dritten Satz zu den ersten beiden Herzenswünschen hinzu und sprechen Sie zehn Minuten lang alle drei Sätze immer wieder nacheinander.

Vierte Phase: Sätze 1 bis 4
- Sobald Sie sich bereit für den vierten Satz fühlen, beginnen Sie wieder mit einigen Minuten der Einstimmung, indem Sie zu Ihrem Herzraum hin spüren.
- Sprechen Sie danach fünf Minuten lang die ersten drei Sätze im ruhigen Rhythmus zu sich selbst hin.
- Halten Sie dann inne und erproben Sie die für Sie stimmige Formulierung des vierten Herzenswunsches. Wenn Sie eine gute Version gefunden haben, nehmen Sie den vierten Satz dazu und sprechen nun zehn Minuten lang wiederholt alle vier Sätze nacheinander.

- Sprechen Sie die Sätze stets in derselben Reihenfolge, ohne inneren Druck, in einem angenehmen, ruhigen Rhythmus.
- Sie haben nun Ihre vier Herzmeditationssätze gefunden. Sie können in den ersten Wochen gerne die Formulierungen noch etwas anpassen, etwa wenn Sie bemerken, dass im täglichen Gebrauch ein Wort doch noch nicht passt oder eine Wendung holprig klingt. Vom Prinzip her bleiben Sie aber stets bei den einmal entwickelten Sätzen in derselben Reihenfolge, denn nur durch eine immer gleiche Formulierung und Anwendung können die Herzenswünsche auf Dauer ihre wohltuende Wirkung entfalten.

Herzenswünsche rahmen den Tag ein

- Beginnen und beenden Sie Ihren Tag mit den Herzenswünschen und gönnen Sie sich tagsüber eine kurze Zeit des Innehaltens.
- Spüren Sie morgens im Bett nach dem Weckerklingeln zuerst zu Ihrem Herzen hin. Sagen Sie dreimal hintereinander Ihre Herzenswünsche im Inneren zu sich selbst. Spüren Sie Ihr Herz.
- Nehmen Sie sich während des Tages Zeit, um sich zehn Minuten lang gemütlich hinzusetzen, zur Ruhe zu kommen und die Herzmeditation zu üben. Am Ende fragen Sie sich: »Wie fühle ich mich jetzt?« Sprechen Sie die Antwort laut aus.
- Beschließen Sie den Tag, indem Sie abends vor dem Einschlafen die Herzenswünsche wieder dreimal an sich selbst richten.
- Lassen Sie die tägliche Zwiesprache mit Ihrem Herzen zu einer lieben Gewohnheit werden.

Ein eigener Herzenswunsch im fünften Satz

In manchen Lebenssituationen möchten wir uns in der Meditation einem speziellen Thema widmen, das uns ganz besonders am Herzen liegt. Für ein individuelles Thema können Sie einen fünften Satz gestalten. Auch hier liegt die Würze in der Kürze. Wählen Sie keine Wenn-dann-Formulierungen, kein »weil« und kein »aber«. In einer Situation, in der Sie von Selbstzweifeln geplagt sind, sagen Sie etwa: »Möge ich mich annehmen, wie ich bin.« Wer sich in einer Trennungsphase befindet, könnte den Satz »Möge ich loslassen können« verwenden. Wer sich einsam fühlt, könnte im fünften Satz sagen: »Möge ich mein Verbunden-Sein spüren.«

Während die ersten vier Sätze immer dieselbe Formulierung behalten, kann der fünfte Satz im Lauf eines Lebens variieren. Ändern Sie ihn jedoch nicht alle paar Wochen, das wäre zu verwirrend. Auch der fünfte Satz sollte eine Gültigkeit haben, die über mehrere Monate reicht. Sie können ihn anfügen und weglassen, so wie es Ihnen gefällt. Hier einige Beispiele eines individuellen Wunsches von Teilnehmern aus unseren Meditationskursen:

- Möge ich mich selbst so annehmen, wie ich bin.
- Möge ich mir selbst vertrauen.
- Möge ich mir selbst die Liebe geben, die ich mir von anderen wünsche.
- Möge ich ruhig und gelassen sein.
- Möge ich lernen, klare Grenzen zu ziehen.
- Möge ich Zugang zu meinen Gefühlen finden.
- Möge ich mein Verbunden-Sein spüren.
- Möge ich mein Potenzial mit jedem Tag neu entfalten.

ERFAHRUNGSBERICHT
Erste Übungserfahrungen

Zu Beginn meiner Übung der Herzmeditation habe ich die Reihenfolge der Sätze öfter durcheinandergebracht und den dritten vor dem zweiten Satz gesagt. Als ich dann diese beiden Sätze in der richtigen Folge gut eingeübt hatte, ist mir der vierte Satz häufig nicht mehr eingefallen, und so gab es dann eine größere Pause, bis ich mich an den Satz wieder erinnert habe. Als ich den vierten Satz dann etwas abgeändert hatte, fiel es mir leichter, die genaue Formulierung zu behalten. Insgesamt hat es einige Tage gedauert, bis alle meine vier Sätze so richtig rundliefen und ich einen guten Sprechrhythmus für mich gefunden hatte. Seitdem habe ich nichts mehr verändert und übe regelmäßig mit meinen Metta-Sätzen.

Anne, eine Kursteilnehmerin

Entschlusskraft und Geduld

Zunächst scheint die Übung ganz einfach zu sein: Sie setzen sich auf Ihren Meditationsplatz, schließen die Augen und sprechen im Inneren Ihre Sätze mit kurzen Pausen dazwischen in regelmäßiger Wiederholung. Es dauert jedoch gar nicht lange, dann schweifen Sie ab. Gedanken nehmen Sie gefangen. Erinnerungen tauchen auf. Pläne möchten verfolgt werden. Schon ist die Aufgabe vergessen, die wohlwollenden Wünsche im Geiste zu sprechen. Sie geben sich den verlockenden Gedanken hin. Sobald Sie das bemerken, brauchen Sie die Entschlusskraft, Ihre Gedanken loszulassen und zu Ihren Sätzen zurückzukehren. Immer wieder, unzählig oft, gibt es diese innere Bewegung im Geist: in Gedanken verloren gehen, es bemerken, zurückkehren zur selbst gewählten Aufgabe und weiter die Sätze im Geiste sprechen. Sie dürfen sich jedoch für das Abschweifen nicht verurteilen. Das ist ganz normal, es geht uns allen so, denn dieses ständige Denken ist die Natur des Geistes. Wichtig ist die Entschiedenheit, zurück zu den Sätzen zu kommen – geduldig immer und immer wieder. Dann werden Sie bald die wohltuende Wirkung der Herzmeditation spüren.

Herzensfrüchte ernten

Da Sie nun schon einige Male meditiert haben, wollen wir uns noch einmal den Wirkungen der Herzmeditation zuwenden (siehe auch Seite 24). Vielleicht hat sich auch schon das eine oder andere für Sie verändert, und Sie haben bereits die ersten Herzensfrüchte geerntet.

Geist und Gemüt kommen zur Ruhe
Mit der Zeit wird es Ihnen gelingen, immer länger bei Ihren Metta-Sätzen zu bleiben und immer weniger davon abzuschweifen. Der Geist entwickelt durch die Meditation die Fähigkeit zu innerer Sammlung und Konzentration. Sie haben es vielleicht auch schon bemerkt, je länger Sie bei einer Aufgabe ganz intensiv bleiben, desto besser gelingt sie und desto konzentrierter werden Sie selbst. Es stellt sich eine innere wohltuende Entspannung ein. Der Geist kommt zur Ruhe. In dem Moment, in dem wir innerlich die wohlwollenden Wünsche sprechen, ist es nicht möglich, sich gleichzeitig sorgenvolle Gedanken zu machen. Wir verhindern dadurch negatives Denken.

Sie werden es spüren, die Herzenswünsche stimmen Ihren Geist und Ihr Herz freudig. So wächst eine innere Stabilität, dem Leben mit seinen Auf-und-ab-Bewegungen ausgeglichener zu begegnen. Wir empfinden Frieden und Gelassenheit.

Gute Absichten wirken auf unser Handeln
Die Sätze der Herzmeditation sind klar formulierte positive Wünsche oder Absichten. Wir lassen sie immer wieder in unseren Geist und unser Herz einfließen und geben damit eine Richtung vor. Wir bahnen uns einen Weg durch unsere ungeordneten Gedanken, der mit guten Absichten gepflastert ist. Die Absicht, etwas zu tun, geht jeder Handlung voraus. Wenn Sie zum Beispiel nach einer Tasse Tee greifen, dann ist da zuerst das Bestreben, etwas zu trinken. Erst dann greifen Sie zu. Ebenso beeinflussen die guten Absichten, die wir in den Herzenswünschen ausdrücken, unser Handeln bewusst und unbewusst. Absichten verfügen über eine Kraft, die folgenden Gedanken und Taten zu lenken.

Überprüfen Sie selbst, welche Absicht hinter einer Handlung steckt, die Sie heute ausgeführt haben. Welchen Impuls haben Sie vor der Handlung gespürt? Je genauer Sie Ihre Absichten kennen, desto bewusster agieren Sie und können auch Ihre Reaktionen auf Ereignisse besser verstehen. Und mit den Herzenssätzen fokussieren Sie sich ganz bewusst auf Ihre guten Wünsche. Sie werden nach einiger Zeit feststellen, dass dies Auswirkungen auf Ihr Handeln hat. Wenn Sie mit guten Absichten und liebevollen Wünschen in eine Situation hineingehen, wird sie sich anders entwickeln, als wenn Sie annehmen, hintergangen oder enttäuscht zu werden.

Wir reinigen uns innerlich
Die klärende Wirkung der Herzmeditation zeigt sich durch die Auseinandersetzung mit den Inhalten der Sätze. Wir denken dabei aber nicht aktiv darüber nach. Vielmehr setzen wir uns, während wir die Sätze sprechen, den Themen innerlich aus (etwa dem Thema »glücklich sein«) und lassen unsere Reaktionen darauf zu. Die Worte der Herzmeditation entfalten in jeder Person ihre eigene Wirkung. Denn während wir die Wünsche im Geiste aussprechen, nehmen wir wahr, was sich zum jeweiligen Thema den Weg in unser Bewusstsein bahnt, und lernen dadurch unsere verinnerlichten Vorstellungen, Erwartungen oder Enttäuschungen kennen. Wir merken, wo wir skeptisch sind und nicht zustimmen können oder uns sogar vehement wehren. Es kommen Widerstände und innere Konflikte ins Licht der Aufmerksamkeit. Jedoch auch inmitten dieser auftauchenden Gefühle und inneren Bilder bleiben die Herzenswünsche unsere Orientierung. Wir kehren immer wieder zu den Sätzen zurück und wiederholen sie in regelmäßigem Rhythmus. In der buddhistischen Psychologie sprechen wir in diesem Zusammenhang von der reinigenden Wirkung der Herzmeditation. Reinigung kann bedeuten, dass wir uns von überholten Vorstellungen trennen und Klarheit gewinnen über das, was Priorität haben soll oder was stimmig für uns ist. Und wir finden heraus, wo es noch etwas zu tun gibt, um dem näherzukommen, was wir uns wünschen.

Wünsche öffnen Türen
Mit den Herzenswünschen öffnen wir Türen zu einem Raum im Bewusstsein, der sich dann mit diesen Wünschen füllt. Wir dürfen jedoch kein bestimmtes Ergebnis erwarten. Wir sagen nicht: »Ich bin glücklich«, um uns das einzureden. Wir sagen: »Möge ich glücklich sein.« Selbst wenn wir gerade traurig sind, können wir uns das wünschen, denn damit säen wir eine Prise Hoffnung,

dass es uns wieder besser gehen wird. Wir bleiben offen für das, was geschieht, und versuchen, uns nichts vorzuspielen. Die offene Wunschform ermöglicht, dass in uns all das auftaucht, was uns glücklich macht, und auch das, was uns hindert, glücklich zu sein. Spüren wir Traurigkeit, dann ist das Teil der Herzmeditation, denn wir lernen auch die Kehrseite von Glück kennen. Wir laden unser Unbewusstes ein, zu uns zu sprechen, und nehmen Für und Wider zur Kenntnis. Beides gehört dazu.

Herzensqualitäten werden gestärkt
Durch das Sprechen der Sätze treten wir mit der Weisheit unseres Herzens in Verbindung, die der Verstand noch nicht erfasst hat. Wir entdecken und stärken unsere Herzensqualitäten wie die liebevolle Zuwendung uns selbst und anderen gegenüber sowie Großzügigkeit, die Fähigkeit, zu verzeihen, mit dem Schmerz anderer mitzufühlen, sich zu freuen und gelassen zu sein. Zu Beginn der Übung sprechen Sie die Herzenswünsche vielleicht eher mechanisch. Mit der Zeit werden Sie jedoch immer mehr fühlen, was Sie sagen. Die Kraft der Worte erfüllt Ihre Gedanken, Ihr Herz und Ihren Körper. Sie sind von der Herzenergie ganz erfüllt und strahlen sie aus.

Bemühen Sie sich, in Ihrem Alltag die Herzmeditation zu üben und die Verbindung zu Ihrem Herzen bewusst zu spüren, dann werden sich Ihre Herzensqualitäten immer mehr verwirklichen. Sie werden bemerken, dass sich Ihre Lebensführung durch die gewonnenen Einsichten nach und nach verändern wird.

Die Kraft der Herzmeditation im Überblick
- Durch das kontinuierliche Sprechen der Herzenswünsche bauen wir innere Sammlung und Konzentration auf.
- Wir hegen und pflegen gute Absichten, die dann unser Handeln leiten.

- Durch die Herzmeditation erkennen wir unsere Vorstellungen und Erwartungen und auch unsere inneren Konflikte und Widerstände. Wir reinigen uns von überholten inneren Mustern und unnötigem Ballast.
- Wir bleiben offen für das, was geschieht, ohne Erwartungen zu haben.
- Die guten Wünsche erfüllen Herz und Geist mit positiven Gedanken.

Vom Ich zum Du

Dankbarkeit und Vertrauen – diese Herzensqualitäten verbinden uns mit Menschen, denen wir nahestehen. Indem wir unsere guten Wünsche an sie richten, intensivieren wir diese beiden positiven Gefühle und erweitern die Empfindung von Wohlwollen und liebender Güte in uns selbst. Dies wirkt sich auf unser Handeln aus, und so verbessert sich auch das Miteinander in unserer Umgebung.

Das Beste mit anderen teilen

In den ersten beiden Kapiteln stehen die Kommunikation mit dem eigenen Herzen und die Selbstliebe im Mittelpunkt. Wenn wir von den guten Wünschen für uns selbst rundum erfüllt sind, keimt ein natürlicher Impuls auf, unseren Überfluss mit anderen zu teilen. Wir setzen an die Stelle des eigenen Selbst einen Menschen, dem wir dankbar sind, zu dem wir Vertrauen haben und zu dem unsere Liebe leicht fließen kann. Dafür stellen wir uns in der Meditation ein inneres, mit positiven Gefühlen besetztes Gegenüber vor und senden dieser Person unsere Herzenswünsche. Die ersten beiden inneren Gegenüber heißen in der Herzmeditation »Mentor« oder »Mentorin« und »guter Freund« oder »gute Freundin«. Diese nun folgenden Schritte in der Herzmeditationsübung bringen Bewegung und Lebendigkeit mit sich, da Sie sich jetzt einem anderen Menschen zuwenden.

Die Herzenswünsche anderen schenken

Oft werden wir gefragt, wie lange man in der Herzmeditation bei sich selbst als inneres Gegenüber bleiben kann oder soll. Dafür gibt es keine Regeln! Wir verweilen so lange bei uns selbst, bis ein Impuls kommt, unser Wohlwollen nun auch anderen zu schenken. Manche brauchen mehrere Jahre Herzmeditation für sich selbst, anderen reichen ein paar Monate. Und es gibt auch Meditierende, die von vornherein mit einer anderen Person beginnen möchten. Entscheidend ist stets, ob sich die selbst gestellte Aufgabe in der Meditation stimmig anfühlt. In der Regel aber richten wir die Herzenswünsche zunächst an uns selbst und wählen erst dann ein anderes Gegenüber, wenn bei uns ein Gefühl von wohl-

tuendem Erfüllt-Sein eingekehrt ist. »Jetzt ist es genug«, sagt eine innere Stimme, »ich möchte nun auch meine besten Wünsche an andere verschenken.« Das ist das Signal, um Schritt für Schritt die Herzmeditation »vom Ich zum Du« zu erweitern mit folgenden anderen Personen:
- einem Mentor, einer Mentorin (ab Seite 64),
- einem guten Freund, einer guten Freundin (ab Seite 71),
- einer neutralen Person (ab Seite 81),
- einer Person, die schwierig für uns ist (ab Seite 97).

Durch die Herzmeditation verändern wir allmählich unsere Beziehung zu anderen Menschen und stärken unser Grundvertrauen und das Gefühl der inneren Verwandtschaft mit allen Lebewesen.

Hemmungen, mit sich selbst zu beginnen?

Wenn Sie einen enormen inneren Widerstand dagegen verspüren, wohlwollende Wünsche an sich selbst zu richten, dann ist es klüger, erst einmal mit einem Gegenüber zu beginnen. Wir wollen uns das Leben in der Meditation ja nicht unnötig schwer machen. Es sollte aber jemand sein, dem Sie liebevoll gegenüberstehen. Daher können Sie zum Einstieg in die Herzmeditation als Gegenüber auch einen guten Freund/eine gute Freundin wählen oder eine Person, der Sie sehr dankbar sind (Mentor oder Mentorin). Wir beginnen da, wo sich die Tür zur Herzmeditation für uns leicht öffnet.

Wenn Sie mit einer anderen Person Ihre Herzmeditation beginnen, probieren Sie nach einigen Wochen immer wieder aus, wie sich das eigene Selbst als Gegenüber anfühlt. So zeigt sich, wann die Zeit reif ist, die Herzenswünsche an sich selbst zu richten. Haben Sie den Zugang zur Herzmeditation für sich selbst gefunden, dann bleiben Sie einige Monate dabei, bis Sie eine Sicherheit und Verlässlichkeit darin spüren, sich selbst mit liebevoller Zuneigung zu beschenken.

Gute Wünsche für einen Mentor

Wer könnte für Sie das erste Gegenüber in Ihrer Herzmeditation sein? Die buddhistische Tradition schlägt vor, einen Menschen auszusuchen, der uns in unserer Vergangenheit wohlwollend unterstützt und gefördert hat. Wir nennen diese Person den Mentor beziehungsweise die Mentorin. Erinnern Sie sich an jemanden in Ihrer Kindheit oder Jugendzeit, der Sie ermutigt hat und Sie annehmen konnte, so wie Sie sind? Eine Mentorin könnte eine liebevoll sorgende und beschützende Großmutter sein oder ein Lehrer, der uns in unserer Schulzeit inspirierte und anspornte. Auch ein Sporttrainer oder eine spirituelle Lehrerin kann die Mentorenrolle erfüllen. Hat es einen Menschen in Ihrem Leben gegeben, der in einer schwierigen Lebenssituation für Sie da war? Jemanden, der geholfen hat, die Weichen so zu stellen, dass Sie den richtigen Weg gefunden haben? Entscheidend ist, dass Sie dem Mentor oder der Mentorin von Herzen dankbar sind für das, was diese Person für Sie getan hat. Wie Sie Ihren Mentor am besten finden, erfahren Sie in der Anleitung zur Herzmeditation auf Seite 66.

Wer kann Ihr Mentor sein?

Häufig sind die Personen, die uns als wichtige Unterstützer in der Vergangenheit einfallen, nicht mehr am Leben. Dann taucht die Frage auf: Können wir unsere Herzenswünsche an ein Gegenüber senden, das schon tot ist? Wenn Sie sich damit wohlfühlen, an die verstorbene Großmutter zu denken und ihr Gutes zu schicken, ist das vollkommen in Ordnung. Sie können in solch einem Fall Ihre Sätze entsprechend anpassen und zum Beispiel sagen: »Möge es dir wohlergehen, wo immer du jetzt bist.« »Mögest du in Frieden sein.« Wenn Sie jedoch spüren, dass Sie durch die Hinwendung zu Verstorbenen traurig und unglücklich werden, sollten Sie eine andere Wahl treffen. Nur wenn es sich gut anfühlt, ist es gut für Sie.

In jedem Fall sollte Ihr erstes Gegenüber das Gefühl von Dankbarkeit und herzlicher Zuneigung in Ihnen anrühren. Wenn die Person Ihrer Wahl jedoch gleichzeitig sexuelles Begehren in Ihnen weckt, dann halten Sie lieber noch einmal Ausschau nach einem anderen Mentor/einer anderen Mentorin. Es ist einfacher, unser Wohlwollen nicht mit Impulsen von Begehren und Verlangen zu vermischen. Denn sexuelle Interessen entwickeln zu schnell eine unbewusste Dynamik, die unser Bemühen um bedingungslose Liebe überdeckt. Denken Sie daran: In der Herzmeditation geht es um ein Wohlwollen, das weder anziehende noch abstoßende Kräfte enthält.

Den Wortlaut ändern?

Ob Sie nun bei sich selbst beginnen oder die Herzenswünsche zu einem Gegenüber senden, der Wortlaut der Wünsche kann sich in den ersten Wochen des Übens noch leicht ändern. Wenn Sie merken, dass ein Wort unstimmig klingt oder nicht in den Rhythmus passt, suchen Sie einen besseren Ausdruck. Sie können zunächst noch feilen und ausprobieren, was Ihnen am meisten zusagt. Dann aber entscheiden Sie sich für Ihre vier Sätze, bei denen Sie fortan bleiben.

Damit Ruhe im Geist einkehren kann, brauchen Sie die Kontinuität der immer selben Worte. Sie möchten und sollten nicht immer wieder über die Formulierung nachdenken, sondern Ihre Konzentration fördern, und das geht nur mit einem stets gleichen Wortlaut.

In der Herzmeditation lernen wir, keinen Unterschied zu machen zwischen dem eigenen Herzen und dem Herzen anderer. Deshalb verwenden Sie Ihre Sätze für sich selbst und auch für alle anderen Personen, denen Sie Ihre Wünsche schenken, und ändern nur, was grammatikalisch nötig ist.

MEDITATION

Ein Mentor als Herzenspartner

In der hier folgenden Anleitung üben Sie zum ersten Mal mit einem inneren Gegenüber. Folgen Sie diesen Meditationsschritten, damit Sie verstehen, welche Form von Aufmerksamkeit generell einem Herzenspartner entgegengebracht wird.

- Nehmen Sie die Ihnen vertraute Meditationshaltung ein und spüren Sie für einige Minuten bewusst in Ihren Körper hinein. Entspannen Sie sich dabei so tief wie möglich.
- Sprechen Sie etwa drei Minuten lang Ihre Herzenswünsche zu sich selbst – außer wenn Sie Ihre Herzmeditation mit einem

Mentor beginnen (siehe Seite 63) – und achten Sie auf die Empfindungen in Ihrem Herzraum, die dabei auftauchen.

- Nun halten Sie inne und lassen Bilder von Personen in sich auftauchen, die in Ihrem Leben viel Gutes bewirkt haben, Personen, denen Sie dankbar sind, dass sie für Sie da waren und Sie unterstützt haben. Vielleicht steht sogleich eine Person im Vordergrund, vielleicht tauchen auch mehrere auf. Geben Sie sich Zeit zu spüren, zu welcher Person es Sie am deutlichsten hinzieht. Diese Person wählen Sie für Ihre Herz-zu-Herz-Meditation aus.
- Wenn wir in der Herzmeditation unser Wohlwollen auf ein Gegenüber fokussieren, dann stellen wir uns dieses Gegenüber erst einmal so genau wie möglich vor. Sehen Sie vor Ihrem inneren Auge die ausgewählte Person – Ihren Mentor/Ihre Mentorin – in einem angenehmen Abstand vor Ihnen sitzen oder stehen und versuchen Sie, die Ausstrahlung, das Wesen dieser Person zu spüren.
- Orten Sie das Herz Ihres Gegenübers und stellen Sie sich vor, dass ein wärmendes Licht zwischen Ihrem Herzraum und dem Herzraum Ihres Mentors hin und her fließt. Darin liegt ein Austausch von Liebe und Akzeptanz, Wohlwollen und Anerkennung. So stellen Sie einen Herz-zu-Herz-Kontakt her, bevor Sie Ihre Sätze innerlich sprechen.
- Bewahren Sie das Herz Ihres Gegenübers in Ihrer Aufmerksamkeit und sprechen Sie nun in aller Ruhe zu Ihrem Mentor/Ihrer Mentorin die exakt gleichen Herzenswünsche, die Sie auch für sich selbst verwendet haben, in der Du-Form: Mögest du glücklich sein. Mögest du dich sicher und geborgen fühlen. Mögest du gesund sein. Mögest du unbeschwert leben.

In Ihren täglichen Meditationsübungen können Sie nun die Zeit zwischen sich und Ihrem Mentor/Ihrer Mentorin aufteilen, so wie es Ihnen passend erscheint.

Grundgefühl Dankbarkeit

Dankbarkeit entsteht im Nachdenken über gute Erfahrungen. Die Erinnerung an einen Mentor stimmt uns froh und lässt unser Herz aufgehen. Denken wir an unsere Mentoren, erleben wir uns als Beschenkte. Wir spüren eine ganz besondere Verbundenheit, denn hier wurden wir gesehen und geschätzt. Die Dankbarkeit, die uns erfüllt, ebnet uns den Zugang zu tieferen Schichten unserer Liebe. Manche Gruppenteilnehmer bemerken, dass sie im meditativen Denken an ihre Mentoren etwas zurückgeben können für das, was sie Jahre zuvor geschenkt bekommen haben. Es beglückt sie, den Mentoren auf diese Weise Anerkennung zu zollen. Das Strömen der Zuneigung fühlt sich an wie ein Lichtstrahl von Herz zu Herz.

Die Fülle des Lebens anerkennen

Wenn wir uns entsinnen, was uns dankbar stimmt, spüren wir auch jetzt noch in unserem Körper die Wirkung von aufmunternden Worten, die uns einst vor vielen Jahren gestärkt haben. Auf welche guten Erfahrungen in Ihrem Leben blicken Sie zurück? Wofür sind Sie dankbar? Jede Erinnerung an eine liebevolle Umarmung, eine aufmunternde Geste lässt uns innerlich aufleben. Dankbarkeit weckt ein wenig Staunen und öffnet den Blick für das Besondere im Alltäglichen. Dieses tiefe Gefühl zeigt uns: Es wird mir so vieles gegeben, ich bin beschenkt, ich kann großzügig sein, weil ich spüre, dass es mir an nichts mangelt. Wir erkennen die Fülle unseres Lebens an. Beglückt durch Dankbarkeit, wächst unsere Bereitschaft, das Gute mit anderen zu teilen. Und wir betrachten viele Dinge im alltäglichen Umgang nicht mehr als selbstverständlich.

Gesten der Dankbarkeit

Doch wie können wir Gefühle der Dankbarkeit nicht nur spüren, sondern auch zum Ausdruck bringen? Zunächst natürlich mit Worten. »Vielen Dank, dass du das gemacht hast« oder »Das freut mich aber!«, immer wieder mal im Lauf des Tages gesagt, hebt die Stimmung bei Ihnen und anderen. Sie können Dank aber auch schriftlich ausdrücken. Schreiben Sie jemandem zum Geburtstag einen Brief mit der Hand und erzählen Sie dem Geburtstagskind, was Sie an ihm so sehr schätzen. Wenn Sie sich dabei vorstellen, wie sehr Sie sich selbst über so einen Brief freuen würden, motiviert Sie das zusätzlich, Ihre Dankbarkeit in Worte zu fassen.

> »Wenn das einzige Gebet,
> das du in deinem ganzen Leben sprichst,
> ›Danke‹ lautete, dann wäre das genug.«
>
> Meister Eckhart | Theologe und Philosoph (1260–1328)

ÜBUNG

Sich selbst dankbar sein

Dankbarkeit führt uns in den gegenwärtigen Augenblick, sie macht uns wach und präsent. Meistens denken wir an andere Menschen, wenn wir Dankbarkeit empfinden. Doch es nährt uns auch auf wohltuende Weise, wenn wir erkennen, wofür wir uns selbst dankbar sein können. Etwa so:
- Ich bin dankbar dafür, dass ich morgens früh genug aufstehe, um noch Zeit zum Meditieren zu haben.

- Ich bin dankbar dafür, dass ich gestern endlich Unkraut gejätet habe.
- Ich bin dankbar dafür, dass ich mich nicht unter Druck setzen lasse.
- Listen Sie zehn Gründe auf, wofür Sie sich selbst dankbar sind.

Entwickeln Sie ein Gespür für die vielen Situationen, für die Sie dankbar sein können, und für die verschiedenen Gesten, die Dankbarkeit zum Ausdruck bringen. Denn wenn wir lernen, dankbar miteinander umzugehen, dann entwickelt sich ein wohlwollendes Miteinander, das uns dazu beflügelt, aktiv unsere Hilfe und Unterstützung anzubieten. Es geht dabei nicht darum, nur dem etwas Gutes zu tun, der auch Ihnen etwas Gutes getan hat. Dankbarkeit ist eine Grundhaltung, die allen Menschen zugutekommt. Halten Sie deshalb Ausschau nach Momenten der Dankbarkeit im Tagesablauf. Wem könnten Sie ganz unerwartet ein kleines Hindernis aus dem Weg räumen? Auf welche Weise beeindruckt Sie eine bestimmte Person, und welche Form von »Dankeschön« fällt Ihnen dazu ein? Vergessen Sie dabei nicht, dass zur Grundhaltung Dankbarkeit auch gehört, sich selbst hin und wieder zu danken.

Eine Freundin berichtete uns einmal, dass sie als Radfahrerin die Vorfahrt nicht korrekt beachtet hatte. Es hätte wohl gekracht, wenn der Autofahrer nicht achtgegeben und abgebremst hätte. Er schimpfte nicht – was zu erwarten gewesen wäre –, sondern winkte ihr aus seinem offenen Cabrio lachend zu und rief laut: »Das hab ich doch gerne für Sie gemacht!« Gleich zwei Gründe für Dankbarkeit: Der Autofahrer hat aufgepasst, und er hat es gern getan.

♡ **HERZÖFFNER**
Was für ein Entgegenkommen!

Jakob hatte nach dem Kriegsende einige Jahre von der Hand in den Mund gelebt. Sein größter Wunsch war es, ein Feinkostgeschäft zu eröffnen. Die idealen Räume entdeckte er in einer Einkaufspassage in Hamburg, doch ihm fehlte jegliches Kapital. Sein Schwager machte ihn mit dem Vermieter bekannt. Sie rauchten und tranken Bier miteinander. Jakob schilderte seine Pläne und gestand, dass er weder die Kaution noch eine erste Miete zahlen konnte. Der Vermieter fragte daraufhin: »Haben Sie denn wenigstens eine tüchtige Ehefrau an Ihrer Seite? Ohne Frau schaffen Sie das nicht.« Jakob hatte bisher keineswegs ans Heiraten gedacht und schwindelte: »Ich bin verlobt.« Der Vermieter antwortete: »Wenn das so ist, stelle ich Ihnen den Laden ein Jahr lang mietfrei zur Verfügung.« Überglücklich eilte Jakob zu seiner Freundin und verlobte sich mit ihr. Im hohen Alter, immer noch verheiratet mit der »erschwindelten Verlobten«, dachte er oft voller Dankbarkeit an dieses unglaubliche Entgegenkommen.

In aller Freundschaft

Nachdem wir mit dem Gegenüber »Mentor« unsere Dankbarkeit erkundet haben, wenden wir uns jetzt guten Freunden und der Herzensqualität »Vertrauen« zu, denn keine Freundschaft kann ohne Vertrauen bestehen. In jedem Menschenleben haben Freundschaft und Vertrauen große Bedeutung. Wir sehnen uns nach Gleichgesinnten, denen wir auf Augenhöhe begegnen und unser »Vertrauen« schenken können. Vertrauen ist Herzensnahrung, ein Baustein von Lebenskraft. Vertrauen möchte respektiert und beschützt werden. Welche Assoziationen und Erinnerungen weckt das Wort »Vertrauen« in Ihnen? Eher gute, eher schlechte? Sie haben Geld verliehen und es nicht zum vereinbarten Zeitpunkt zurückbekommen? Das nagt am Vertrauen. Sie haben Freunden Ihrer Tochter Ihre Ferienwohnung überlassen und finden sie danach blitzsauber und mit Blumen geschmückt vor? Das stärkt das Vertrauen.

Auch unser Verhalten uns selbst gegenüber beeinflusst unser Grundvertrauen. Wir versprechen uns selbst, keine Überstunden mehr zu machen oder am Wochenende die Buchhaltung zu erledigen. Wenn wir solche Vereinbarungen mit uns selbst nicht einhalten, leidet das Selbstvertrauen. Wir sind von uns selbst enttäuscht!

Vertrauen hat viele Facetten, es umfasst Zuversicht, Glauben, Hoffnung, Nähe, es kann genährt, gebrochen und verraten werden, zuweilen kann es sogar blind sein. Freunde, gerade zurück aus dem Urlaub, berichteten uns, wie sie ausgeraubt wurden, bedingt durch ihr blindes Vertrauen: Der Parkwächter am Parkplatz in der Nähe ihrer letzten Unterkunft sagte: »Geben Sie mir Ihren Autoschlüssel, damit ich den Wagen dort hinten einparken kann, hier steht er im Weg.« Als sie zehn Minuten später ihr Gepäck ins Hotel bringen wollten, war der Wagen leer, und der Parkwächter spielte den Ahnungslosen: »Das kann ja jeder sagen, dass Gepäck im Auto war. Haben Sie ein Foto davon gemacht?« Daraufhin haben die Freunde einige Stunden auf der Polizeiwache verbracht, und als sie zum Auto zurückkehrten, hatte der Parkwächter es auch noch abschleppen lassen, da inzwischen die Parkzeit abgelaufen war. Zum Glück hatten sie noch ihr Flugticket in der Tasche und konnten am nächsten Tag heimfliegen.

HERZÖFFNER
Von Freundlichkeit zu Freundschaft

Ein windig nasser Novemberabend in Berlin. Alle Fahrgäste werden aufgefordert, die S-Bahn zu verlassen, weil ein Polizeieinsatz die Weiterfahrt verhindert. Ulrike überlegt reichlich frustriert, wie sie nun nach Hause kommen könnte. Zu Fuß ist es viel zu weit. Sie läuft zur Bushaltestelle – in dreißig Minuten kommt ein Nachtbus, doch wird es auch eine Anschlussverbindung geben? Außer ihr wartet nur noch eine andere Frau hier draußen in der Kälte. Sie kommen miteinander ins Gespräch, die Frau erkundigt sich: »In welche Richtung müssen Sie denn?« Beide wohnen im Norden von Berlin, nicht weit auseinander. »Mein Mann wird mich gleich abholen, wir können Sie gerne mitnehmen.« Wenig später sitzen die beiden Frauen auf der Rückbank im Auto und unterhalten sich angeregt. Sie sind sich noch nie zuvor begegnet, entdecken aber, dass sie eine gemeinsame Freundin haben. Ulrike wird direkt vor ihrer Haustür abgesetzt. Telefonnummern werden ausgetauscht. Bald treffen die beiden Frauen sich regelmäßig – eine Freundschaft beginnt.

Vertrauen entwickeln

Verwandte beschert uns das Schicksal. Freunde wählen wir selbst. Wir begegnen einem Menschen, der unsere Aufmerksamkeit anzieht. Manchmal können wir die Attraktion konkret benennen: Es ist das Aussehen, die Art, sich zu kleiden oder zu sprechen, die Geschmeidigkeit und das Rhythmusgefühl beim Tanzen, der Blick, das Lachen. Erinnern wir uns, wann und wo wir Freunde kennengelernt haben, spüren wir oft noch diese ersten Anknüpfungspunkte, die unser Interesse geweckt haben, kleine Aha-Momente, in denen uns das Herz aufging und wir einen Schritt auf diesen Menschen zugegangen sind. »Wollen wir etwas unternehmen? Magst du Schlittschuh laufen? Gehst du gerne ins Kino? Kommst du mich besuchen?« Wir verschenken einen kleinen Vertrauensvorschuss, weil wir inspiriert sind.

Wie eine Freundschaftsbeziehung entsteht
Mit etwas Glück fühlen sich beide Seiten mehr und mehr zueinander hingezogen. Der Vertrauensvorschuss wird immer wieder überprüft, und wenn die Erfahrungen stimmig sind, entwickelt sich eine Freundschaft, ein frei gewähltes Miteinander. Manchmal stellt sich nach wenigen Begegnungen auch heraus, dass wir doch eine unterschiedliche Sprache sprechen und uns nicht gut verstehen. Wenn wir uns zu ausführlich erklären müssen und immerzu auf Unverständnis oder Abwehr stoßen, wird unser Vertrauen nicht wachsen. Wir bemerken vielleicht, dass unsere neue Bekannte einen ganz anderen Umgang mit Zeit, Geld und Verabredungen hat. Wir fühlen uns nicht wohl damit, dass es ganz normal sein soll, wenn jemand ständig ohne Erklärung zu spät kommt. Das Vertrauen in eine neue Beziehung bewährt sich mit der Zeit in einem gemeinsamen Entwicklungsprozess. Viele kleine Erfahrungen im Miteinander summieren sich und führen entweder dazu, dass das Vertrauen untermauert wird oder dass der Vertrauensvorschuss abbröckelt und nichts mehr davon übrig bleibt.

Entwickelt sich aber eine Beziehung, heißt das, Freund und Freundin ermöglichen uns, so sein zu dürfen, wie wir sind. Deshalb sind Freundschaften so wichtig für uns. Der Wert von Freundschaft wird in vielen Werken der Weltliteratur ebenso gepriesen wie von religiösen Lehrern und dem Rat der Vereinten

Nationen, der den 30. Juli jedes Jahres weltweit zum Tag der Freundschaft erkoren hat.

Vom Herzen her sprechen

In der Art und Weise, wie Menschen miteinander kommunizieren, erkennen wir ihre Herzensbildung. Ob uns jemand begrüßt mit den Worten »Du kommst ja schon wieder zu spät!« oder »Ich sehe, du bist ganz außer Atem, komm, trink erst einmal ein Glas Wasser« – das macht einen großen Unterschied. Achtsam mit unserer Sprache umzugehen ist eine Herausforderung, der wir selten völlig gerecht werden können. Immer wieder verwenden wir unsensible Formulierungen, oder wir haben eine Tendenz, zu vergleichen und zu bewerten. Und auch unsere Mitmenschen sind nicht perfekt. Deshalb brauchen wir Humor und viel Mitgefühl für uns selbst, sonst verzweifeln wir an unserem eigenen Verhalten ebenso wie am Umgangston der anderen.

Durch die Herzmeditation gewöhnen wir uns mehr und mehr daran, den Kontakt zum Herzen unseres Gegenübers zu suchen. Im alltäglichen Gespräch geschieht das dann auch ganz von selbst. Durch das meditative Sprechen der guten Wünsche zu einem Du hin etablieren sich in uns Gewohnheiten des Wohlwollens und der guten Absichten. Wir hören bewusster zu und achten mehr auf die Zwischentöne. Was fehlt Ihrer Freundin wirklich, wenn sie murmelt: »Ich finde gar nichts auf der Speisekarte.« Weil Sie ihre Herzensbedürfnisse interessieren, fragen Sie nach und erfahren, dass die Freundin sehr verärgert über einen Anruf ist, der ihr den Appetit verdorben hat. Und so gibt es als »Vorspeise« erst einmal ein einfühlsames Gespräch, danach sieht es mit dem Appetit wieder ganz anders aus.

MEDITATION
Gutes für Freund oder Freundin

Nachdem Sie einige Meditationen mit dem Mentor/der Mentorin verbracht haben, wenden Sie sich nun einem guten Freund oder einer guten Freundin zu.

- Nehmen Sie die Ihnen vertraute Meditationshaltung ein und spüren Sie für einige Minuten bewusst in Ihren Körper hinein. Entspannen Sie sich.
- Stellen Sie sich vor, dass Sie aus Ihrem Herzen heraus lächeln, und sprechen Sie einige Runden Ihrer Herzenswünsche zu sich selbst. Achten Sie dabei, wie immer, auf Ihre Empfindungen im Herzraum.
- Nun halten Sie inne und lassen Bilder von guten Freunden in sich auftauchen. Geben Sie sich Zeit, zu spüren, welche Person Sie jetzt gerade am stärksten anspricht.
- Sehen Sie diese Person vor Ihrem inneren Auge in einem angenehmen Abstand und stellen Sie, wie zuvor beim Mentor, einen Herz-zu-Herz-Kontakt her. Spüren Sie den warmen Fluss von Wohlwollen zwischen Ihren Herzen.
- Fügen Sie in dieses warme Strömen Ihre Herzenswünsche ein. Sprechen Sie zu dem guten Freund oder der guten Freundin: »Mögest du glücklich sein. Mögest du dich sicher und geborgen fühlen« und so weiter.
- Verwenden Sie die gleichen Formulierungen wie zuvor für sich selbst und den Mentor. Ihre innere Stimme klingt dabei aufrichtig, weich und liebevoll.
- Welche Empfindungen, Erinnerungen, Bilder, Gedanken tauchen auf? Nehmen Sie bewusst wahr, was sich zeigt, und lassen Sie es an sich vorbeiziehen. Kehren Sie immer wieder zum kontinuierlichen inneren Sprechen der Wünsche zurück.
- Sie können variieren und in der nächsten Meditation einen anderen Freund, eine andere Freundin als Gegenüber auswählen.

Buddhas Empfehlungen

Eine besondere Form der Freundschaft ist die spirituelle Freundschaft. In der buddhistischen Lehre wird ihr ganz besondere Bedeutung beigemessen. Der spirituelle Freund oder die spirituelle Freundin heißt in der Pali-Sprache »Kalyanamitta«. Das können Lehrende oder Meister sein, die ihren Schülern auf Augenhöhe begegnen, sich mit ihnen gemeinsam unterwegs auf einem spirituellen Weg begreifen. Auch die Freunde, mit denen wir zusammen einen Meditationskurs besuchen, sind Kalyanamittas. Sie alle üben sich in Achtsamkeit oder der Herzmeditation, befolgen die gleichen ethischen Regeln und bemühen sich ebenso wie wir, anderen wohlwollend und vorbehaltlos zu begegnen.

Für Buddha hatten spirituelle Freunde höchste Priorität. Er lehrte, dass ein Vorankommen auf dem inneren Weg die ermutigende Unterstützung und auch kritische Begleitung der Gleichgesinnten unbedingt braucht. Ohne spirituelle Freunde ist für Buddha ein inneres Heilen und bewusstes Wachsen nicht denkbar. Daher wertschätzen wir in der buddhistischen Tradition ganz besonders den spirituellen Freund, der mit uns gemeinsam den gleichen geistigen Übungsweg beschreitet und ebenso wie wir Herzensqualitäten kultivieren möchte.

Buddha hat seinen Schülern eine Reihe von Anleitungen gegeben, um verletzende Sprachformen zu vermeiden: »Übe, nur das zu sagen, was wahr und hilfreich ist. Achte auf den Klang deiner Stimme und ob das, was du sagen möchtest, wohltuend und verbindend wirkt. Nicht jederzeit kannst du Gehör finden, auch wenn du die besten Absichten verfolgst. Frage dich, ob der rechte Zeitpunkt gekommen ist, um deine Gedanken mit anderen zu teilen.«

Wenn Wohlwollen und Herzenswärme im Mittelpunkt unseres alltäglichen Bemühens stehen, findet das auch Ausdruck in unserer Kommunikationsweise: Wir antworten nicht zu schnell, sondern horchen erst in uns hinein. Wir respektieren andere Meinungen und Bedürfnisse und wissen gemeinsames Schweigen zu schätzen.

Fünf zu eins

Eindrücklich beschreibt der Neurowissenschaftler Rick Hanson in seinem Buch »Das Gehirn eines Buddha«, dass wir Menschen die biologisch geprägte Tendenz haben, negative Gefühle besser zu erinnern als die guten, weil es die negativen Erfahrungen waren, die den stärksten Einfluss auf die Entwicklung und das Überleben der menschlichen Spezies hatten. Aus Sicht der Evolutionstheorie haben diejenigen, die ihren negativen Erfahrungen große Aufmerksamkeit geschenkt haben, auch überlebt. Und Hanson erklärt, dass »innerhalb von Beziehungen etwa fünf positive Interaktionen nötig sind, um die Auswirkung einer einzigen negativen zu überwinden.« Dieses neurologische Ungleichgewicht können wir ausbalancieren, indem wir uns aktiv bemühen, die positiven Erfahrungen stärker zu verinnerlichen.

Mit Buddhas Herzmeditation stärken wir das Wohlwollen gegenüber anderen und damit auch unsere Beziehungen. Denn mit unseren Wünschen lenken wir ganz bewusst die Aufmerksamkeit auf das Positive. Wir füllen unseren inneren Raum damit aus und erleben zunehmend, dass sich dies auch auf unsere Handlungen auswirkt, auf die Interaktion zwischen uns und unseren Mitmenschen. Mit der Kraft der guten Wünsche im Herzen agieren und reagieren wir ganz natürlich auf positive Weise und festigen dadurch Freundschaften.

Und durch die kontinuierliche Übung der Herzmeditation wirken wir auch der biologischen Tendenz entgegen, negative Erfahrungen und Erlebnisse besser zu erinnern als positive und angenehme (siehe Seite 149). Die amerikanische Meditationslehrerin Pema Chödrön unterstreicht diesen Aspekt der Herzmeditation und sagt, dass wir üben müssen, »uns an unseren eigenen glücklichen Umständen zu erfreuen. Wir schulen uns darin, uns auch über die geringste Wohltat zu freuen, die das Leben für uns bereithält.«

Herzenswünsche für Fremde

Allumfassende Liebe und Güte – Inhalt und Ziel der Metta-Meditation – kennen weder Abneigung noch Anziehung. Diesen Aspekt buddhistischen Lebens üben und stärken wir durch die Herz-zu-Herz-Kommunikation mit einem Menschen, den wir nicht näher kennen und der keine Empfindungen in uns auslöst – mit einer neutralen Person. Gleichzeitig vergrößern wir so eine weitere Herzensqualität: die Großzügigkeit.

Das Herz für Unbekannte öffnen

Die Herzmeditation ist Ihnen nun schon vertraut, und Sie haben Ihre Herzenswünsche an sich selbst und Menschen, die Sie lieben und schätzen, gerichtet. Im nächsten Schritt weiten Sie die Praxis der Herzmeditation auf Personen aus, die Sie persönlich nicht näher kennen. Dies können Menschen sein, denen Sie im Alltag begegnen, wie dem Zeitungsausträger, dem Paketzusteller oder der Kassiererin im Supermarkt. Es sollten Personen sein, die Ihnen fremd sind und denen Sie bisher keine besondere Beachtung geschenkt haben. In den buddhistischen Lehranweisungen nennen wir dieses Gegenüber die »neutrale Person«. Wir wissen nicht, wie diese neutrale Person lebt, was sie bewegt und welche Freuden oder Schwierigkeiten sie hat. Wir begegnen ihr vorurteilslos und unvoreingenommen. Wir haben eine neutrale Haltung ihr gegenüber.

Was bedeutet neutral?

Der Schriftsteller Bertolt Brecht liebte Weißwurst. Voller Begeisterung fragte er einen Mitarbeiter, der gerade von München nach Berlin zurückkehrte: »Haben Sie Weißwurst probiert?« Der Mitarbeiter winkte ab: »Ja, schon, aber sie hat mir nicht geschmeckt.« Brecht wollte den Grund für dieses negative Urteil wissen. »Weißwürste schmecken nach gar nichts«, meinte der Mitarbeiter. Daraufhin schwärmte Brecht: »Aber das ist es doch genau!«

Wie fühlt sich das Nichts, das Neutrale eigentlich an? Wenn weder angenehme noch unangenehme Sinnesreize in uns ausgelöst werden, finden wir das meistens langweilig. Das Neutrale zieht uns nicht an und stößt uns nicht ab.

ÜBUNG

Empfindungen unterscheiden

Unterbrechen Sie kurz Ihre Lektüre und richten Sie Ihre Aufmerksamkeit auf sich selbst. Schließen Sie die Augen und spüren Sie in sich hinein.

- Welche Empfindungen spüren Sie im Körper? Sind sie angenehm, unangenehm oder neutral? Sprechen Sie laut Ihre Empfindungen aus.
- Welche Stimmung, welches Gefühl bringt Ihr momentaner Zustand mit sich? Haben Ihre Gefühle einen angenehmen, unangenehmen oder neutralen Beigeschmack? Bewerten Sie Ihre Emotionen als positiv oder negativ? Ärgern Sie sich über dieses Experiment? Oder finden Sie es interessant?
- Welche Gedanken sind da? Sind die Empfindung und das Gefühl, die den konkreten Gedanken begleiten, angenehm, unangenehm oder neutral?
- Welche Impulse oder Reaktion können Sie feststellen? Was würden Sie jetzt gerne tun oder nicht tun?

Dieses Experiment können Sie öfter wiederholen. Durch das Wahrnehmen Ihrer Empfindungen und Ihrer Reaktionen darauf lernen Sie sich besser kennen.

Im Alltag gibt es allerlei Eindrücke, die wir weder als angenehm noch als unangenehm empfinden. Sie sind neutral und damit auch schnell vergessen. Der Blick an die Wand, der Pflasterstein unter unseren Fußsohlen, das tägliche Zähneputzen – das sind Wahrnehmungen und Handlungen, die meist mit neutralen Empfindungen verbunden sind. Situationen, die mit keiner Aufregung einhergehen, neutrale Momente, registrieren wir kaum, und doch, oder gerade deshalb, verleihen sie unserem Leben auf ganz stille Weise Stabilität und Sicherheit.

Erfahrungen genauer untersuchen
Alle Erfahrungen nehmen wir durch Körper, Herz und Geist wahr. Die fünf Sinnesorgane des Körpers sorgen dafür, dass wir sehen, riechen, schmecken, fühlen und hören können. In den buddhistischen Überlieferungen heißt es: Jede Sinneserfahrung, die wir machen, wird automatisch von einer Empfindung begleitet, die entweder angenehm, unangenehm oder neutral ist. Dies passiert, ohne dass wir es verhindern können. Eine Verspannung im Nacken oder ein heftiger Streit fühlen sich wahrscheinlich unangenehm an. Auch Schmerzen empfinden wir als unangenehm, Gedanken an den ersehnten Urlaub dagegen als angenehm. Neutral sind alle Erfahrungen, die keine innere Bewertung in uns auslösen, also keinen Ausschlag in Richtung positiv oder negativ haben.

Unsere Reaktionen verstehen
Stellen Sie sich vor, Sie sitzen auf dem Sofa und lesen ein Buch, in dem die Geschichte gerade sehr spannend und aufwühlend ist. Plötzlich denken Sie an eine Tafel leckere Nougatschokolade, die im Wohnzimmerschrank liegt. Der Gedanke ist verlockend und sehr angenehm. Was passiert? Sie stehen auf, gehen zum Schrank und greifen zur Schokolade. Das geschieht meist unbewusst, Sie folgen ganz automatisch Ihrem Impuls.

Die angenehme Empfindung, die der Gedanke an die Schokolade in uns bewirkt, löst eine Reaktion aus: Wir möchten die Schokolade haben. Unangenehmes dagegen wollen wir nicht erleben, wir sagen: »Nein, danke«, und weisen es zurück. Wir möchten weder Schmerzen noch Ängste spüren. Diese Reaktionsmechanismen laufen in unserem Inneren ganz automatisch ab. Der

Reiz des Angenehmen löst sofort Verlangen aus. Der Reiz des Unangenehmen weckt unseren Widerstand und unsere Abneigung. Doch was bedeutet das? Sind wir unseren unbewussten Reaktionen auf Gedeih und Verderb ausgeliefert? Oder haben wir doch bis zu einem gewissen Grad eine Wahl?

Wir können entscheiden
Wenn wir lernen, unsere Empfindungen von angenehm und unangenehm aufmerksam wahrzunehmen, dann wird es möglich, den automatischen Reaktionsmechanismus zu beeinflussen. Sobald wir erkennen, dass der angenehme Gedanke an die Schokolade unser Verlangen auslöst, haben wir die Chance, bewusst darauf zu reagieren. Wir können uns überlegen, ob es uns guttut, jetzt die Schokolade zu essen, oder ob wir uns nicht besser fühlen, wenn wir unserem Vorsatz »Weniger Süßigkeiten!« folgen. Wir sind in der Lage zu entscheiden, ob wir unserer Begierde nachgeben.

Diffiziler wird es, wenn es um unsere lieb gewonnenen Meinungen und Vorstellungen geht. Wir denken, so wie wir eine Sache sehen, ist es richtig. Davon sind wir überzeugt, daran halten wir fest. Meist haben wir wenig Distanz zu unseren festgefügten Werten und können andere Haltungen und Ansichten nur schwer akzeptieren.

Es ist eine echte Herausforderung, erlernte und gewohnte Wertvorstellungen zu erkennen. Wir brauchen dazu die Bereitschaft, nicht stets nach gleichem Muster zu funktionieren, sondern uns auch für andere Perspektiven zu öffnen. Halten wir nicht rigide an den eigenen Vorstellungen fest, können wir ungeahnte Momente von Offenheit erfahren. Lassen wir unsere Vorstellungen, wie das Leben sein sollte, los, sind wir frei und können aus ganzem Herzen Ja zu unserem Leben sagen.

Den Charme der Neutralität entdecken

Sie können selbst beobachten, wie sehr das uns innewohnende Verlangen nach dem Angenehmen und die Ablehnung des Unangenehmen unser Leben bestimmen. Zwischen diesen beiden starken Polen stehen die neutralen Empfindungen, denen wir in der Regel gleichgültig begegnen. Die Herzmeditation eröffnet uns eine Gelegenheit, sich der Erfahrung von Neutralität zu öffnen. Eine Person, der wir neutral gegenüberstehen, hat den Vorteil, dass wir nicht mit spontanen Empfindungen von Anziehung und Abneigung reagieren. Wir schaffen dadurch eine Atmosphäre, in der das Herz offen und entspannt sein kann. Da wir auf keine gemeinsame Geschichte zurückblicken, können wir uns frei von Erwartungen auf diese Neutralitätserfahrung einlassen.

Liebevolle Zuwendung lernen

Mit der Herzmeditation üben wir uns in der Fähigkeit, Freundlichkeit und universelle Liebe zu empfinden und auszusenden. Die buddhistische Praxis der Metta- oder Herzmeditation richtet sich letztendlich an alle Lebewesen – an Menschen und Tiere. Es geht nicht um Liebe, die an eine konkrete Person gebunden und mit Wünschen und Erwartungen, bestimmten Vorstellungen und eigenen Bedürfnissen verknüpft ist. Eine allumfassende Liebe, wie wir sie in der Herzmeditation praktizieren, ist frei von Bedingungen – sie ist ein Geschenk.

ERFAHRUNGSBERICHT
Von Langeweile zu Interesse

Ich habe die Herzmeditation mit der neutralen Person zuerst als recht langweilig erlebt. Ich hatte den Pförtner unseres Geschäftshauses ausgewählt, und es fiel mir schwer, dabeizubleiben. Bis plötzlich mein Interesse an der Person erwachte und ich neugierig auf ihn wurde. Da konnte ich mich der Übung auf einmal viel besser widmen. Inzwischen habe ich schon viele Gespräche mit Herrn Gruber geführt, wir teilen die Leidenschaft für Basketball und bevorzugen beide dieselbe Biersorte. Jeden Morgen freue ich mich auf unsere kurze Begegnung.

Martin, ein Kursteilnehmer

ÜBUNG
Wünsche im Alltag verteilen

Öffnen Sie Ihr Herz für Menschen, denen Sie im Alltag begegnen. Schicken Sie ihnen die gleichen Herzenswünsche, die Sie auch für sich selbst haben.

- Bedenken Sie Menschen, denen Sie auf der Straße begegnen, mit Ihren Herzenswünschen.
- Im Bus oder in der U-Bahn können Sie eine Person auswählen und lautlos im Inneren die Metta-Sätze an sie richten.
- Stehen Sie im Supermarkt an der Kasse, können Sie die guten Wünsche von Herz zu Herz an die Kassiererin oder andere Kunden richten.

- Warten in einer Arztpraxis ist ein weiterer guter Anlass zum Aussenden der Herzenswünsche, zum Beispiel an die Arzthelferinnen, die Ärzte oder die Mitpatienten.

Ob Sie gehen, stehen oder sitzen und warten, es gibt zahlreiche Gelegenheiten, anderen Menschen die Herzenswünsche zukommen zu lassen. Probieren Sie es aus und sammeln Sie Ihre Erfahrungen damit.

Das ist neu für uns: Wir können durch die Herzmeditation bedingungslose Liebe und Wohlwollen erlernen und vertiefen. Indem wir anderen liebevolle Zuwendung anbieten, beginnen Liebe und Güte in uns zu wachsen.

Entdecken Sie es selbst: Die Entwicklung der Qualität einer allumfassenden Liebe ist ein Prozess, den Sie mit der Herzmeditation in Gang setzen. Die Erweiterung unserer Meditationspraxis auf unbekannte, fremde Personen ist ein nächster Schritt in diese Richtung.

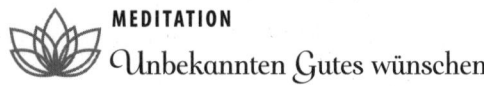

MEDITATION
Unbekannten Gutes wünschen

Begeben Sie sich an Ihren gewohnten Meditationsplatz, machen Sie es sich bequem und gönnen Sie sich 20 Minuten Zeit für diese Herzmeditation.

- Schließen Sie die Augen und spüren Sie in Ihren Körper. Lassen Sie die Schultern locker hängen, ebenso den Unterkiefer, und entspannen Sie auch die Muskeln im Gesicht.
- Richten Sie die Aufmerksamkeit auf Ihr Herz. Erinnern Sie sich an eine »herzöffnende« Begebenheit, die Sie kürzlich erlebt ha-

ben – das Lächeln eines Kindes, den Anblick einer Rose oder das freudige Schwanzwedeln Ihres Hundes.
- Sprechen Sie dann Ihre Herzenswünsche einige Minuten lang zu sich selbst.
- Lassen Sie nun die Sätze los und denken Sie an Menschen, denen Sie im Alltag öfters begegnen, die Sie aber persönlich nicht näher kennen und denen Sie normalerweise kaum Beachtung schenken – etwa dem Mann am Postschalter, dem Nachbarn von gegenüber oder der Bedienung im Café. Wählen Sie eine Person aus Ihrem Umfeld aus.
- Sehen Sie die Person in einem angemessenen Abstand vor Ihnen. Spüren Sie Ihr eigenes Herz und stellen Sie eine Verbindung von Herz zu Herz her.
- Richten Sie Ihre Herzenswünsche an die ausgewählte neutrale Person. Wiederholen Sie die Sätze in regelmäßigen Abständen.
- Spüren Sie nach, welche Empfindungen Sie wahrnehmen. Haben Sie keine Erwartungen, nehmen Sie es so, wie es sich zeigt.

Bleiben Sie in Ihrer täglichen Herzmeditation für mindestens eine Woche bei dieser Person. Sie können auch gerne Ihre Meditationszeit zwischen der Übung für sich selbst und für die neutrale Person aufteilen.

Von Herzen geben statt festhalten

In buddhistischen Ländern Asiens ist Großzügigkeit gelebte alltägliche Praxis. Dies konnten wir bei unseren Reisen durch Myanmar immer wieder erleben. Täglich sind die Mönche und Nonnen mit ihren Bettelschalen unterwegs, und die Menschen, auf die sie treffen, legen Nahrung oder Geld hinein. Gebefreudigkeit hat hohe Bedeutung in der burmesischen Kultur. Aus Wertschätzung dafür, dass Mönche und Nonnen die Lehren Buddhas studieren, praktizieren und weitergeben, werden sie von der Bevölkerung versorgt.

Während eines dreiwöchigen Meditationskurses in einem Kloster in der Nähe von Mandalay haben oft Menschen aus der Umgebung unser Mittagessen bezahlt. Vor dem Essen begrüßten uns die großzügigen Spender. Meist kamen ganze Familien mit Kindern. Es war ein Festtag, für den sie sich gut gekleidet und herausgeputzt hatten. Wir dankten unseren Wohltätern, und es war sehr berührend, ihre strahlenden Augen und ihre Freude zu sehen. Für manche aus der Meditationsgruppe war es gar nicht einfach, diese Großzügigkeit von Menschen anzunehmen, die weitaus weniger zum Leben haben als wir aus der westlichen Welt.

Verbundenheit spüren

Geben wir etwas, ohne mit einer entsprechenden Gegenleistung zu rechnen, so handeln wir aus einem großzügigen Herzen. Dazu bieten sich jeden Tag viele Möglichkeiten. Wo könnten Sie in Ihrem Umfeld großherziges Geben praktizieren? In einer Großstadt wie Berlin oder Hamburg müssen wir nicht weit gehen, schon treffen wir vor dem Bioladen auf einen Obdachlosen, steigen wir in die U-Bahn, erklingen Melodien von Straßenmusikern, und gehen wir eine Einkaufsstraße entlang, werden wir oft von bedürftigen Menschen angesprochen. Zuweilen stehen sie auch direkt vor Ihrer Haustür und bitten um Ihre Unterstützung. Wie gehen wir mit diesen Aufforderungen um? Geben wir manchmal etwas und manchmal nichts? Sind wir genervt, oder ignorieren wir die Situation? Warum sind wir nicht immer großzügig?

Unsere übliche Vorstellung ist, dass wir ein isoliertes, auf uns allein gestelltes Lebewesen sind. Wir haben ein Gefühl des Getrennt-Seins – ich und die anderen. Eine Auswirkung der Herzmeditation ist, dass wir nach und nach das beglückende Gefühl der Verbundenheit mit anderen erfahren. Dies verändert unser Verhalten.

Das Festhalten loslassen
Wenn wir Großzügigkeit üben, kommen wir auch mit unserem »Anhaften« in Berührung, dem Gegenteil von Großzügigkeit: Festhalten an dem, was wir haben, und etwas haben wollen oder brauchen.

Indem Sie geben – zum Beispiel ein ermutigendes Wort, einen Euro oder eine Kleiderspende für Notgebiete –, üben Sie sich im Loslassen. Es kommt nicht so sehr darauf an, was Sie geben, sondern darauf, dass Sie sich mit dem gewohnten Haben- und Besitzen-Wollen auseinandersetzen. Die Übung des Gebens zeigt Ihnen genau, woran Sie sich klammern. Und mit jeder Geste von Großzügigkeit lernen Sie, ein wenig Ihr gewohntes Festhalten aufzugeben.

> »Die Essenz der Großzügigkeit ist Loslassen.«
>
> Pema Chödrön | US-amerikanische buddhistische Nonne (*1936)

Menschen, die sich unglücklich und unzulänglich fühlen, werden engherzig und geizig. Denn emotionaler Schmerz ist meist ein Zeichen dafür, dass wir an etwas festhalten, an einem Bild von uns selbst oder an Meinungen und Erwartungen. Haben Sie beispielsweise eine konkrete Vorstellung, wie die Verabredung mit Ihrer neuen Liebe verlaufen soll, sind Sie, wenn die Realität dann anders aussieht, ent-täuscht und leiden darunter. Hier sind wir gefordert, uns mit unseren Vorstellungen innerlich auseinanderzusetzen, um uns besser zu verstehen und zu erkennen, wie sehr sie uns einengen. Je mehr wir Distanz zu uns gewinnen, desto einfacher fällt uns das Loslassen. Der Blick auf fremde Menschen unterstützt uns darin. Und durch unser Interesse für andere verändert sich unsere Sichtweise.

Königliche Großzügigkeit

Geben kann aus unterschiedlichen Motivationen und Haltungen heraus geschehen. Da gibt es das zögerliche Geben, verbunden mit einer kalkulierenden Seite, die beispielsweise fragt, ob wir den vier Jahre alten Laptop weggeben oder doch noch selbst gebrauchen können. Oder wir geben, um gut angesehen zu sein oder weil wir Dank oder eine Gegenleistung erwarten. Das freundschaftliche oder geschwisterliche Geben bringt zum Ausdruck, dass wir gerne mit anderen teilen möchten und uns daran erfreuen. Wir können Informationen teilen, wie Empfehlungen für Restaurants oder Ärzte. Wir können unser Wissen weitergeben oder – wie es ein Freund von uns tut – Artikel aus Zeitung und Internet mit spannenden, neuen Erkenntnissen an Personen aus dem Freundes- und Familienkreis schicken, zu Themen, die diese interessieren. Beim königlichen Geben erfreuen wir uns am Glück der anderen und geben, was uns selbst sehr wertvoll ist, ohne Vorbehalt und ohne Erwartungen. Zur königlichen Art der Großzügigkeit zählt auch das anonyme Geben.

Vielleicht haben Sie Lust bekommen, dem Thema Geben und

Großzügigkeit in nächster Zeit mehr Aufmerksamkeit zu widmen?

Wem kann ich heute etwas geben?

Fragen Sie sich am Morgen, wie Sie heute Großzügigkeit üben möchten. Was könnten Sie geben, und wem möchten Sie etwas geben? Wer würde sich zum Beispiel über ein Lächeln oder ein freundliches Wort freuen? Wo wäre eine kleine Geldspende ein Segen? Wen könnten Sie anrufen oder besuchen? Wen könnten Sie mit Ihrem Wissen und Ihren Fähigkeiten unterstützen? Nehmen Sie sich eine konkrete Sache vor und setzen Sie diese in die Tat um. Schon der Gedanke daran kann Sie erfreuen. Probieren Sie es aus. Und lassen Sie eine Geste der Großzügigkeit zu einer täglichen Gewohnheit werden.

Schenken führt zu Zufriedenheit
Im Rahmen einer Studie zum Thema »Macht Geld glücklich?« wurde an der University of British Columbia in Vancouver folgendes Experiment durchgeführt: Studenten bekamen morgens einen Briefumschlag mit 5 $ oder 20 $ ausgehändigt. Eine Versuchsgruppe sollte das Geld für sich ausgeben, die andere das Geld spenden oder jemandem ein Geschenk dafür kaufen. Am Nachmittag wurden die Probanden befragt, wie glücklich sie sich fühlten. Diejenigen, die das Geld für andere ausgegeben haben, waren deutlich zufriedener. Die Höhe der Geldsumme spielte dabei aber keine Rolle.

Doch es muss nicht immer Geld sein, auch Zeit zu spenden –

etwa als Lesepate im Kindergarten, als Betreuer von Flüchtlingen oder alten Menschen – macht glücklich und zufrieden. Viele ehrenamtliche Helfer berichten, dass ihr Engagement keineswegs einseitig durch ein Geben geprägt ist. Sie erzählen, wie sehr sie sich beglückt fühlen von strahlenden Kinderaugen, vom Lächeln eines kranken Menschen oder durch Einblicke und Einsichten in fremde Kulturen. Die Gebenden werden ebenso beschenkt wie die Nehmenden.

Eine Art der Selbstfürsorge

Nur wer sich selbst etwas gönnt, kann auch großzügig zu anderen sein. Großzügigkeit ist ein Aspekt der Selbstfürsorge. Sie könnten sich selbst zu Momenten des Genießens einladen, zu einem Spaziergang im Wald oder dem Besuch einer Ausstellung oder eines Konzerts. Nähren Sie Ihr Herz und tun Sie sich regelmäßig etwas Gutes. Erlauben Sie sich die Erfüllung von kleinen Wünschen, die den Alltag versüßen. Die Künstlerin Julia Cameron schlägt vor, sich wöchentlich zwei Stunden Zeit ganz für sich alleine zu nehmen. Gönnen Sie sich ein Zeitfenster, das ausschließlich Ihrer eigenen Inspiration und Kreativität gewidmet wird.

HERZÖFFNER
Unerwartete Geschenke

Heiligabend in Bangkok. Zwei junge deutsche Touristinnen fahren mit dem Taxi durch die brodelnde Stadt. An einer Ampel steht direkt neben ihnen eine glitzernde Luxuskarosse, vorne ein Chauffeur, auf dem Rücksitz lachend gestikulierende junge Männer. Sie winken den Frauen zu, machen Handzeichen, das Fenster herunterzukurbeln. Die beiden folgen der Aufforderung skeptisch und zögerlich. Da schaltet die Ampel auf Gelb, Taxifahrer und Chauffeur geben Gas. Im Anfahren reichen die jungen Männer zwei Geschenke hinüber und rufen »Happy Christmas!«. Schon haben sich die jungen Leute wieder aus den Augen verloren. Die Frauen lösen die glitzernden Schleifen und öffnen ihre Päckchen. Jede von ihnen hat ein schönes Frotteebadetuch geschenkt bekommen.

Was unser Herz erregt

*Unser Herz ist vielfältigen Herausforderungen ausgesetzt.
Da sind zum einen die inneren Tumulte, die entstehen,
wenn wir in der Meditation alten Verletzungen begegnen.
Aber auch Mitmenschen, die uns durch ihr Verhalten
kränken oder provozieren, können uns an den Rand
unserer Offenherzigkeit bringen. In beiden Fällen gilt:
nicht wegsehen, sondern genau hinschauen und schließlich
vergeben – uns selbst und den anderen.*

Schattenseiten im Herzen akzeptieren

Sie haben bisher die Herzenswünsche an sich selbst, einen Mentor, einen Freund und eine neutrale Person gerichtet – und haben vielleicht selbst schon bemerkt: Durch das wiederholte innerliche Sprechen der Sätze öffnet sich unser Herz immer mehr. Dadurch fällt Licht auf unseren Herzraum, und wir erhalten Zugang zu ungeahnten inneren Quellen. Wir erkunden unsere Liebesfähigkeit und unsere verborgenen Sehnsüchte und Bedürfnisse. Wir können entdecken, wie viel Liebe wir schon in uns tragen und auch ausdrücken. Wir nehmen Empfindungen und Gefühle wahr, die wir vorher scheinbar nicht hatten. Indem wir die guten Wünsche regelmäßig innerlich sprechen, üben wir, die Aufmerksamkeit bewusst auf wohlwollende Gedanken und Gefühle zu lenken. Dadurch tritt aber auch das genaue Gegenteil ins Bewusstsein, denn wo Licht ist, zeigt sich auch Schatten. Mit der Herzmeditation rufen wir automatisch unsere Schattenseiten, unsere verdrängten Gefühle hervor: Es kommen unangenehme Erinnerungen ins Bewusstsein. Es zeigen sich Vorbehalte, Bewertungen und schwierige Emotionen wie Neid, Eifersucht, Überheblichkeit oder Ärger und Wut. Ebenso tauchen ungelöste Konflikte auf, die meist schon lange im Verborgenen schlummern und auf eine Lösung warten.

Das Unbewusste

Unsere Schattenseiten sind ein Teil von uns. C. G. Jung, der Begründer der analytischen Psychologie, hat den Schatten als eine Ansammlung von Eigenschaften und Qualitäten beschrieben, die unterdrückt werden, da sie nicht in das Wertesystem der Familie oder der Gesellschaft passen. Die verborgenen Schichten der menschlichen Psyche haben Sigmund Freud und C. G. Jung als das Unbewusste bezeichnet. Es beeinflusst unser Verhalten, ohne dass uns dies bewusst ist. Diese Erkenntnis ist seit über 2000 Jahren Teil der buddhistischen Lehre. Durch bestimmte Menschen oder Situationen können unsere verborgenen, verdrängten Anteile wieder aktiviert werden, meist reagieren wir dann sehr heftig. Ein mutiges Hinhören zum Herzen macht es möglich, sich der inneren Aufregung zu stellen. Oft lernen wir dabei einen vorher nicht wahrgenommenen Aspekt von uns kennen.

Herzenswünsche an das innere Kind

Sophie spürte am dritten Tag eines Herzmeditationskurses große Unruhe in ihrem Körper und Geist. »Es ist nicht auszuhalten, ich möchte einfach nur davonlaufen«, sagt sie im Gespräch. Dies ist unsere gewohnheitsmäßige automatische Reaktion auf unangenehme Empfindungen, die wir nicht fühlen möchten. Im Alltag schieben wir oft ungewollte Gefühle beiseite, telefonieren oder schalten den Fernsehapparat an. Doch Gefühle und Körperempfindungen sind Botschaften, die verstanden werden möchten. Das sagen wir auch Sophie. Neugierig geworden, fragt sie: »Wie kann ich herausfinden, was mir meine innere Unruhe zu sagen hat?« Wir raten Sophie, ihre inneren Regungen aufmerksam wahrzunehmen und bei ihren Gefühlen zu verweilen, denn so gelingt es, die Empfindungen zu entschlüsseln und zu verstehen. Ermutigt wendet sich Sophie ihrer Unruhe zu. Sie hört in sich hinein und bemerkt ein inneres Wüten und Toben. Sie sieht sich als junges Mädchen, wie sie schreit und zornig mit den Füßen stampft. Sophie ist bereit, ihre Wut anzuschauen und zu fühlen – heiß und heftig –, und dann wird es ruhiger. Etwas erschöpft, aber entspannt öffnet Sophie die Augen und sagt: »In meiner Wut habe ich auch meine Kraft gespürt – das tut gut.«

ÜBUNG
Die eigenen Gefühle anerkennen

Die Übung der Herzmeditation bringt viele Gefühle in Ihr Bewusstsein. Wenn Sie bemerken, dass eine starke Körperempfindung, wie ein Druck im Magen oder ein Kloß im Hals, immer wiederkehrt oder ein Gefühl sehr heftig ist, dann lassen Sie das Sprechen der Sätze los und wenden Ihre Aufmerksamkeit dem Gefühl und der Empfindung im Körper zu. Geben Sie Ihren Emotionen und Empfindungen Raum, sich in allen Ausprägungen zu zeigen. Versuchen Sie, Ihr Gefühl so sein zu lassen, wie es ist. Nehmen Sie Ihr Gefühl genau so an, wie es sich jetzt zeigt, und akzeptieren Sie es voller Mitgefühl. Hat sich Ihre innere Aufregung gelegt, kehren Sie zum Sprechen der Sätze zurück.

»Ja« sagen zu den Schwierigkeiten

Die Herzmeditation erlaubt alle Reaktionen, ruft sie sogar hervor – alle Schatten dürfen kommen, alles Dunkle darf sich zeigen. Wir schenken diesen inneren Herausforderungen unsere ganze Aufmerksamkeit, laden sie ein, zu uns zu sprechen, denn sie wollen gesehen und verstanden werden. Dazu lassen wir das Sprechen der Herzenswünsche los und wenden uns achtsam den sich zeigenden körperlichen Empfindungen zu. Gelingt es uns, bei der Wahrnehmung zu verweilen, enthüllt sich nach und nach eine Geschichte. Wir erleben die Situation im Inneren noch einmal. Wir fühlen die damit verbundenen Emotionen und lassen sie so sein, wie sie sind. Manchmal hilft es, wenn wir uns ausdrücklich die Erlaubnis dazu geben und innerlich zu uns flüstern: »Es ist in Ordnung, es darf sein.« Ob Eifersucht, Angst oder Wut, wir begegnen dem Geschehen in unserem Inneren mit Wohlwollen und Freundlichkeit. Anstatt uns der Begegnung mit dem Schatten zu widersetzen, öffnen wir bereitwillig unser Herz dafür. Jede Erfahrung ist richtig, nichts ist falsch. Alles gehört zum Leben dazu. Wir fühlen, was wahr ist, und können dann bedingungslos »Ja« dazu sagen. Durch das Zusammenführen von Licht und Schatten erleben wir das Gefühl, wieder heil und ganz zu werden.

Noch ein Schritt tiefer
»Die Wut steigt auf, ich spüre sie deutlich in meinem Körper, und dann ebbt sie ab wie eine Welle«, beschreibt Sophie ihre Meditationserfahrung. Die Wut hat sich aufgelöst, aber nun fühlt sie ein Ziehen im Herzraum und einen leichten Druck. Sophie spürt genauer nach, und sie erinnert sich, wie sehr sie Angst hatte, alleine gelassen zu werden. »Zuerst war ich wütend, aber eigentlich hatte ich Angst.« Sie bleibt bei dem Gefühl der Angst. Durch die Bereitschaft, sich dem Gefühl zu stellen und es wirklich im Körper zu spüren, kann es sich verwandeln. Und Sophie nutzt nun die Kraft der Herzenswünsche und richtet sie an das verängstigte Mädchen, ihr inneres Kind. Der Wunsch »Mögest du dich sicher und geborgen fühlen« berührt sie sehr. Plötzlich kommen Sophie die Tränen. »Ich habe gespürt, wie traurig ich bin«, erzählt sie uns, »das war erleichternd und hat mir gutgetan.«

> »Wende dich nicht ab. Halte deinen Blick
> auf die bandagierte Stelle gerichtet.
> Genau da tritt das Licht in dich ein.«
>
> Rumi | persischer Mystiker und Dichter (1207–1273)

Menschen, die uns herausfordern

Im Lauf unseres Lebens begegnen wir immer wieder Menschen, mit denen wir Schwierigkeiten haben. Sie fordern uns heraus durch ihr Verhalten, und sie lösen in uns negative Gefühle und Abwehr aus. Sicher gibt es auch in Ihrem Leben Menschen, mit denen Sie sich schwertun – ein Nachbar, der Sie ständig durch laute Musik stört, eine Arbeitskollegin, mit der die Zusammenarbeit nicht funktioniert, oder ein Chef, der Sie bis zur Weißglut reizen kann. Für uns alle gibt es Personen, mit denen der Umgang belastender ist als mit anderen.

Menschen, die wir als problematisch empfinden, treiben uns an die Grenze unserer Offenherzigkeit. Deshalb wird aus buddhistischer Sicht die Herausforderung, die eine schwierige Beziehung mit sich bringt, als wertvollste Übung betrachtet. Daran können wir wachsen und unsere Fähigkeit zu bedingungsloser Freundlichkeit weiterentwickeln.

Konflikte mit unseren Liebsten

Schwierigkeiten gibt es aber nicht nur bei Menschen, mit denen wir gezwungenermaßen zu tun haben – Nachbarn, Kollegen, Chefs. Auch mit Menschen, die uns nahestehen, gibt es zuweilen Spannungen und Konflikte, und dann belasten uns Missverständnisse und Auseinandersetzungen ganz besonders. Wir fühlen uns verlassen oder wütend, verstehen uns oft selbst nicht und verletzen aus der eigenen Not heraus den anderen. Wir rechnen auf, wer was wann gesagt hat, oder suchen einen Schuldigen. Immer wieder erleben wir innerlich die verletzenden Situationen und fachen damit das Feuer unserer Emotionen nur noch weiter an. Der geliebte Mensch ist zu einer schwierigen Person geworden, so unsere Empfindung.

ERFAHRUNGSBERICHT
In den Spiegel sehen

Am Anfang meiner Selbstständigkeit als Organisationsberaterin arbeitete ich zusammen mit einem Kollegen an einem gemeinsamen Projekt. Unser Verständnis von Beratung ging weit auseinander, und seine Art zu kommunizieren provozierte mich. Fast jede E-Mail, die ich von ihm bekam, brachte mich in Wallung. Ich war empört über seine bestimmende und überhebliche Art, mit der er seine Überzeugung durchzusetzen versuchte. Da ich das Beratungsprojekt nicht gefährden wollte, war ich gezwungen, eine Lösung zu finden, und ich begann, meinen ärgerlichen Gefühlen gegenüber dem Kollegen auf den Grund zu gehen. Der erste Schritt dabei war, nicht auf ihn zu sehen, sondern den Blick auf mich selbst und meine Gefühle zu richten. Mithilfe der Herzmeditation wurde mir schließlich klar, dass ich an ihm genau die Eigenschaften nicht ausstehen konnte, die ich selbst auch aufzuweisen hatte. Auch ich war dominant und wollte meine Überzeugungen durchsetzen. Das konnte ich mir jedoch nicht offen zugestehen. Lieber sah ich mich als teamfähige und kooperative Kollegin. Nachdem ich diese Seite meiner Persönlichkeit anerkannt hatte, fühlte ich mich freier. Dadurch entspannte sich die Zusammenarbeit, ich konnte unsere Konkurrenz offen benennen und dadurch viele Situationen mit Humor nehmen.

Angelika Baur

Ist es uns in diesen schmerzlichen Situationen überhaupt möglich, unser Herz für den anderen zu öffnen und die Wünsche an ihn zu senden? Kursteilnehmer fragen häufig, wie sie mit einem aktuellen Beziehungskonflikt umgehen können. Wir empfehlen, die Herzenswünsche zuerst einmal an das eigene Herz zu richten. Denn es braucht eine liebevoll-mitfühlende Hinwendung zu den eigenen schmerzlichen Gefühlen (siehe Seite 100). Wenn wir sie zulassen, fühlen und ganz und gar annehmen, werden wir ruhiger. Dadurch klärt sich der Blick auf die Situation und uns selbst, und es wird möglich, sich dem anderen zuzuwenden. Manche Teilnehmerinnen erzählen erstaunt, dass es ihnen danach gelungen ist, die Herzenswünsche an den Konfliktpartner zu senden. Es kann aber auch sein, dass die folgende Übung ein guter nächster Schritt ist.

ÜBUNG
Verantwortung übernehmen

Haben Sie einen Konflikt oder eine längere Beziehungskrise mit Ihrem Partner oder Ihrer Partnerin, können Sie diese Übung ausprobieren. Damit erkennen Sie die Situation an, so wie sie ist, und tragen Ihren Teil der Verantwortung.

- Schließen Sie die Augen und stellen Sie sich innerlich Ihren Konfliktpartner vor. Wählen Sie den Abstand zu ihm so, dass Sie in gutem Kontakt zu Ihrem Gegenüber bleiben können.
- Bringen Sie die Themen, die zwischen Ihnen stehen, in Ihr Bewusstsein. Sie können sie auch im Inneren lautlos aussprechen.
- Nun schauen Sie, welchen Anteil Sie am bestehenden Konflikt haben. Benennen Sie Ihre Anteile.

- Dann richten Sie den inneren Blick auf Ihr Gegenüber und sagen: »Ich trage meinen Teil der Verantwortung, und deinen Teil der Verantwortung lasse ich bei dir.« Wiederholen Sie diesen Satz, bis Sie in Ihrem Herzen ganz zustimmen können. Sie können noch hinzufügen: »Es tut mir leid.«

HERZÖFFNER
Ein Herz für »Verlierer«

Ben und Jara haben Freunden ihre Hilfe beim Umzug angeboten. Als sie sich frühmorgens auf den Weg machen, finden sie auf dem Bürgersteig ein Portemonnaie, das neben viel Geld auch wichtige Papiere enthält. Sie bringen ihr Fundstück zur nächsten Polizeistation. Beide verzichten auf den Finderlohn. Bei ihrer Heimkehr am Abend berichtet ein überglücklicher Praktikant auf ihrem Anrufbeantworter, dass er für eine Kita-Gruppe Theaterkarten kaufen sollte. Das verlorene Geld hatte ihm gar nicht gehört, und nun war er riesig erleichtert und konnte sein Glück kaum fassen. Eine Woche später erhalten die Finder ein großes Paket mit Süßigkeiten und einer bunten selbst gestalteten Dankeschön-Karte.

Das Herz weiten

Fühlen wir uns ausreichend vertraut mit der Herzmeditation und innerlich bereit, dann können wir durch die Übung mit einer für uns schwierigen Person lernen, unser Herz zu weiten. Es ist ein innerer Prozess, bei dem wir mehr und mehr unsere eigenen unangenehmen und negativen Gefühle wahrnehmen und akzeptieren, ohne Widerstand dagegen zu leisten. Wir können lernen, uns nicht für die Abneigung zu tadeln, die wir empfinden. Und dann wird es auch möglich, die Person, die diese Gefühle in uns ausgelöst hat, nicht zu verurteilen für das, was sie gesagt oder getan hat. Dieser innere Dialog hat eine reinigende Wirkung, wie ein Gewitter. Danach fühlen wir uns klarer und gelöster.

Durch die Meditation nimmt unsere Fähigkeit zu, auch in schwierigen Situationen unser Herz nicht zu verschließen. Die Erfahrung vieler Meditierender zeigt, dass sich die eigenen Gefühle und auch die Beziehungen zu anderen Personen zum Positiven hin verändern können. Und vielleicht entdecken Sie sogar Eigenschaften beim anderen, die Sie wertschätzen können.

Behutsam anfangen

Wenn Sie anfangen, mit einer schwierigen Beziehung die Herzmeditation zu üben, dann wählen Sie bewusst eine nur »leicht schwierige« Person aus. Stellen Sie sich nicht zuerst der größten Herausforderung. Wir erleben in unseren Kursen immer wieder, dass viele Teilnehmer mit der schwierigsten Person beginnen wollen, häufig mit einem Elternteil. Das wäre aber eine Überforderung. Wird die Intensität der Gefühle zu groß und überwältigend, verweigern wir uns. Wir können die Übung dann nicht fortsetzen. Alles in uns wehrt sich dagegen. Bereiten Sie Ihr Herz deshalb ganz behutsam darauf vor, sich immer schwierigeren Aufgaben zu widmen.

Es kann auch sein, dass es nicht möglich ist, die Wünsche zu der schwierigen Person von Herzen zu sprechen und aufrichtig zu fühlen. Dann sprechen Sie die Sätze trotzdem und erst einmal eher mechanisch. Sie werden merken, dass sich Ihr Gefühl durch kontinuierliche Übung verändert.

Umgang mit heftigen Gefühlen
Sollten Sie feststellen, dass Ihre Gefühle in der inneren Begegnung mit der schwierigen Person heftig und aufwühlend werden, dann geben Sie diesen Raum (siehe Seite 100). Wenn Sie sich der Begegnung mit Ihren starken Gefühlen jedoch noch nicht gewachsen fühlen, dann lassen Sie die Person los und richten die Herzenswünsche an sich selbst. Gönnen Sie sich erst einmal genügend Selbstfürsorge und die Stärkung des eigenen Herzens, bevor Sie sich der Übung wieder zuwenden.

MEDITATION

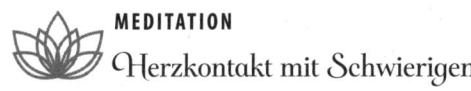

Herzkontakt mit Schwierigen

Beginnen Sie mit dieser Meditation, wenn Sie sich innerlich bereit dazu fühlen.
- Setzen Sie sich bequem hin, schließen Sie die Augen und sprechen Sie für einige Minuten Ihre Herzenswünsche für sich selbst.
- Lassen Sie in Ihrer Vorstellung einige Personen erscheinen, bei denen Sie die Beziehung als problematisch erleben.
- Wählen Sie diejenige Person aus, die Ihnen am wenigsten schwierig erscheint.
- Lassen Sie die ausgewählte Person in einem für Sie angemessenen Abstand vor Ihnen sitzen. Spüren Sie Ihren eigenen Herz-

raum und nehmen Sie einen Herz-zu-Herz-Kontakt mit Ihrem Gegenüber auf.
- Sprechen Sie nun innerlich Ihre Varianten der vier Wünsche zu der Person: »Mögest du glücklich sein. Mögest du dich sicher fühlen. Mögest du gesund sein. Mögest du unbeschwert leben.«
- Machen Sie jeweils eine kurze Pause zwischen den Sätzen und spüren Sie nach, wie sich das Sprechen der Herzenswünsche hier anfühlt. Nehmen Sie alles wahr, was an Empfindungen, Gefühlen und Gedanken auftaucht. Können Sie die Wünsche dem anderen vorbehaltlos zukommen lassen, oder gibt es Abwehr und Widerstände? Spüren Sie Ihre Gefühle und Reaktionen und nehmen Sie sie einfühlsam an. Kehren Sie dann wieder zum Sprechen der Herzenswünsche zu Ihrem Gegenüber zurück.
- Am Ende der Meditation lassen Sie die schwierige Person innerlich los und sprechen die Herzenswünsche für einige Minuten zu sich selbst.

Bleiben Sie für ein bis zwei Wochen bei der »leicht schwierigen« Person. Danach können Sie sich anderen schwierigen Menschen zuwenden.

Die Kunst der Vergebung

Ein wichtiger Schritt auf dem Weg zur Heilung des Herzens beginnt mit der Vergebung. Wir vergeben, indem wir den Ballast alter Verletzungen loslassen, an denen wir schwer tragen. Wenn wir vergeben oder uns vergeben wird, fühlt sich unser Herz wieder leicht und frei an.

Stellen Sie sich vor, Ihr Partner ist nach einem heftigen Streit, bei dem Sie ihn im Affekt sehr verletzt haben, als Erster wieder auf Sie zugegangen. Er hat Sie liebevoll in den Arm genommen und gesagt: »Lass uns in Ruhe darüber reden, ich bin dir nicht böse, ich möchte dich verstehen.« Welch ein inneres Aufatmen solch eine Geste des Verzeihens bewirkt! Entspannung tritt ein, Tränen lösen sich, und es ist wieder möglich, miteinander zu reden und sich zuzuhören.

Wir alle machen Fehler, wir sind nicht perfekt, und diese Unvollkommenheit ist Teil unseres Menschseins. Wir verletzen einander durch das, was wir sagen und tun. Wir sind selbstbezogen und nutzen andere aus, missachten ihre Gefühle oder erfüllen ihre Erwartungen nicht. Und häufig geschieht dies sogar, ohne dass wir es bemerken.

Um Vergebung bitten

Eine sehr beeindruckende Geste der Bitte um Vergebung haben wir nach einem vierwöchigen Meditationskurs in Kalifornien erlebt. Sieben Meditationslehrerinnen und -lehrer hatten gemeinsam fast hundert Teilnehmer unterwiesen und in Einzelgesprächen betreut. Am Ende des Kurses richteten sie an die Teilnehmenden die Bitte um Vergebung für alle Verletzungen, die von ihnen verursacht wurden. Sie betonten, dass es auch bei bestem Willen vorkommen kann und es sich nicht ganz vermeiden lässt, dass jemand sich verletzt, nicht genug beachtet oder falsch verstanden fühlt. Als Ausdruck ihrer Bitte um Vergebung verbeugten sich alle Lehrer vor den Kursteilnehmern.

Akzeptieren wir, dass sich andere durch unser Verhalten verletzt fühlen können, wird die Bitte um Verzeihung zu einem natürlichen Bedürfnis. Vielleicht kennen Sie dies auch aus Ihrer Kindheit: Nachdem es Streit unter den Geschwistern gab, fragte danach meist einer der Beteiligten: »Sind wir wieder gut?«, und nach einem bejahenden Kopfnicken war die Sache erledigt und verziehen.

Sich selbst verzeihen

So wie wir andere verletzen, verletzen wir auch uns selbst. Unsere verinnerlichte Selbstkritik, die strengen Bewertungen und Selbstvorwürfe sind zu einem Teil von uns geworden (siehe auch Seite 37). Wir nehmen nicht wahr, welchen Schmerz wir uns damit zufügen. Und dieser – oft unbewusste – eigene Schmerz ist häufig der Auslöser für Fehlverhalten und Handlungen oder Reaktionen, die wir später bedauern. Im buddhistischen Verständnis ist deshalb die Vergebung gegenüber sich selbst wichtig. Wir heilen zuerst uns selbst, indem wir uns mitfühlend unserem eigenen Leid zuwenden.

»Was vorbei ist, ist vorbei: Vergebung heißt,
dass man aufhört,
sich eine bessere Vergangenheit zu wünschen.«

Jack Kornfield | amerikanischer Meditationslehrer (*1945)

Wir hören oft, wie ungewohnt der Gedanke ist, sich selbst zu vergeben. Eva, 62 Jahre alt, konnte die Herzenswünsche nicht an sich selbst richten. Sie begann damit, die Sätze zu einer geschätzten Lehrerin zu sprechen, die sie im Leben sehr unterstützt hat. Dadurch gelang ihr ein guter Einstieg in die Herzmeditation. Eva erzählte uns im Gespräch, dass sie viel mit ihrem Mann streite und wie schwer es für sie sei, auf ihr Leben zurückzuschauen. Als junges Mädchen hatte sie viel getan, um diesen Mann zu erobern. Eine von ihr beabsichtigte Schwangerschaft führte schließlich zur Heirat. Im Rückblick schämte Eva sich dafür und verachtete die junge Frau, die sie einmal war. Ihre Gedanken kreisten endlos um ihr damaliges Verhalten. Sie nannte sich dumm und unerfahren und war untröstlich.

Wir haben Eva ermutigt, die damalige Situation in ihrer Familie und ihre Lebensumstände näher zu beleuchten. Sie wollte weg vom gewalttätigen, alkoholkranken Vater und einer überforderten, hilflosen Mutter. Sie sehnte sich nach einem glücklichen Leben mit diesem Mann und tat das, was ihr damals richtig und notwendig erschien. Sie hatte es nicht besser gewusst. Eva begann ein klein wenig mitfühlender und verständnisvoller mit sich zu werden. Langsam freundete sie sich mit dem Gedanken an, dass es möglich sein kann, ihre Vorwürfe loszulassen und sich zu vergeben.

Die eigene Unvollkommenheit eingestehen

Bevor Vergebung möglich wird, müssen wir uns dem eigenen Leid zuwenden. Wir verzeihen uns selbst, indem wir Schuldzuweisungen aufgeben und uns dem dahinterliegenden verdrängten Schmerz öffnen. Eva übte, sich zu vergeben, und konnte zum ersten Mal den Schmerz und das verzweifelte Verlangen nach Glück spüren, das sie als junge Frau hatte. Mit Tränen in den Augen berichtete sie: »Ich fange an, Frieden mit mir zu schließen und dem, wie es war.«

Wenn wir uns oder anderen vergeben, dann ist das keine Entschuldigung des verletzenden Verhaltens oder gar eine Erlaubnis, damit weiterzumachen. Wir wischen unsere Verantwortung nicht beiseite, wenn wir uns unsere Vorwürfe, Schuldzuweisungen und schädigenden Handlungen, die aus der eigenen Verletzung und Unfähigkeit heraus entstehen, vergeben. Im Gegenteil: Wir zeigen uns verantwortlich für unser Verhalten und stehen dazu. Gleichzeitig vergeben wir uns selbst für unsere Unvollkommenheit. So kann sich ein innerer Heilungsprozess vollziehen.

ÜBUNG

Die eigenen Fehler annehmen

Nehmen Sie sich Zeit, über die folgenden Fragen nachzudenken, um herauszufinden, welche Seiten in Ihnen wohlwollend angenommen werden möchten.

- Welche Vorwürfe mache ich mir selbst? Welche Fehler habe ich gemacht? Was kann ich mir nicht verzeihen? Schreiben Sie alles auf, was Ihnen einfällt.
- Schließen Sie nun die Augen und spüren Sie in Ihren Körper. Denken Sie an die Vorwürfe oder Fehler, die Sie aufgeschrieben haben. Können Sie die schmerzlichen Gefühle wahrnehmen, die mit den Selbstvorwürfen verbunden sind? Ob Scham, Überforderung oder Traurigkeit – akzeptieren Sie Ihre Gefühle mit einer liebevollen Haltung sich selbst gegenüber.
- Sagen Sie nun mit sanfter innerer Stimme zu sich: »Ich darf Fehler machen. Ich nehme mich an mit meiner Unvollkommenheit. Ich vergebe mir meine Unvollkommenheit.« Sie können einen oder alle drei Sätze sprechen.
- Wiederholen Sie die Sätze kontinuierlich mit kleinen Pausen dazwischen.
- Spüren Sie die Wirkung, die Wohlwollen und Vergebung in Ihnen auslösen.

Vergebung schenken

Was brauchen wir, um anderen zu verzeihen? Wir können Vergebung nicht erzwingen. Wir können nur zum Vergeben bereit sein und es aufrichtig wollen. Eine Kursteilnehmerin drückte es so aus: »Wenn ich verstehe, warum mein Freund so gehandelt hat, dann kann ich ihm viel leichter verzeihen.«

Die eigene Verletzlichkeit akzeptieren
Vergebung passiert nicht schnell, sie braucht Zeit. Wenn wir jemandem vergeben wollen, bevor wir wirklich dazu bereit sind, überdecken wir nur unseren Schmerz. Zuerst braucht der Teil von uns liebevolle Zuwendung, der verletzt ist. Denn wahre Vergebung wird erst möglich, wenn wir unseren eigenen Schmerz ernst nehmen. Und mit einem zu schnellen »Ja, es ist schon gut« übergehen wir vielleicht eine Seite in uns, die noch Aufmerksamkeit braucht, bevor wir vergeben können. Es kann sein, dass wir vom anderen eine Geste des Bedauerns benötigen oder eine Entschuldigung. Manchmal ist auch eine Wiedergutmachung notwendig, beispielsweise durch eine Entschädigung bei materiellem Verlust, oder es bedarf einer versöhnenden Handlung, die Aufmerksamkeit und Fürsorge schenkt. Jemandem, der Reue zeigt und Verantwortung für sein verletzendes Verhalten übernimmt, können wir eher verzeihen. Denn wir vergeben nicht die Tat, sondern wir vergeben dem Menschen, der sie ausgeführt hat. Und wir tun es für uns selbst: Desmond Tutu, der langjährige Vorsitzende der Wahrheits- und Versöhnungskommission in Südafrika, schreibt: »Wir vergeben, um nicht körperlich und seelisch unter den Folgen aufgestauter Wut und Verbitterung zu leiden. Vergebung ist ein Geschenk, das wir uns selbst machen.«

Die folgende Meditationsanleitung hilft Ihnen, einen Zugang zu Vergebung auf drei verschiedenen Ebenen zu finden: Vergebung erbitten, sich selbst verzeihen, anderen vergeben.

MEDITATION
Vergebung üben

Nach der traditionellen buddhistischen Meditationspraxis beginnen wir damit, andere um Vergebung zu bitten, dann uns selbst zu vergeben und schließlich jemandem zu vergeben, der uns verletzt hat.

Um Vergebung bitten

- Lassen Sie sich bequem nieder und nehmen Sie sich 20 Minuten Zeit (Sie können einen Wecker stellen, wenn Sie möchten). Entspannen Sie sich, so wie Sie es auch bei früheren Meditationen gemacht haben.
- Schließen Sie die Augen und erinnern Sie sich an Situationen, in denen Sie andere verletzt haben durch Ihre Worte, Ihr Verhalten oder Ihr Handeln.
- Wählen Sie nun eine Situation aus und lassen Sie diese vor Ihrem geistigen Auge noch einmal ablaufen. Welche Umstände haben dazu geführt, dass Sie jemanden verletzt haben?
- Versuchen Sie zu spüren, wie die andere Person diese Verletzung, die Enttäuschung oder den Verrat möglicherweise empfunden hat. Bemühen Sie sich, den Kummer des anderen, aber auch Ihren eigenen Kummer zu spüren.
- Sehen Sie nun im Geiste die betreffende Person und stellen Sie einen Kontakt zu Ihrem Herzen her. Sprechen Sie innerlich: »Ich verstehe deinen Schmerz« oder »Ich kann deinen Schmerz fühlen«. »Es tut mir leid.« »Ich bitte dich um Vergebung.« »Bitte verzeih mir.« »Bitte vergib mir.« Wählen Sie die Worte aus, die für Sie passend sind.
- Wiederholen Sie Ihre Bitte in regelmäßigen Abständen. Spüren Sie, ob die Bitte um Vergebung aus Ihrem Herzen kommt.
- Am Ende halten Sie für einige Momente inne und öffnen sich für die Möglichkeit, dass Ihnen vergeben wird.

Sich selbst vergeben
- Setzen Sie sich zu Hause an einen Platz, an dem Sie gerne sind und sich geborgen fühlen. Sorgen Sie dafür, dass Sie 20 Minuten ungestört sind, und entspannen Sie sich.
- Beginnen Sie damit, die Herzenswünsche für einige Minuten zu sich selbst zu sprechen, und spüren Sie Ihren Herzraum.
- Richten Sie Ihren inneren Blick auf Ihr Leben und versuchen Sie, sich an Gelegenheiten zu erinnern, bei denen Sie sich selbst negativ bewertet, verurteilt oder vernachlässigt, bestraft oder überfordert haben. Stellen Sie sich eines oder mehrere solcher Ereignisse vor und geben Sie sich genug Zeit, sich einzufühlen.
- Können Sie jetzt das Leid spüren, das Sie sich selbst zugefügt haben? Welche Gefühle sind da? Vielleicht regt sich auch ein Bedauern darüber?
- Legen Sie eine Hand auf Ihr Herz und sagen Sie mit liebevoller innerer Stimme zu sich selbst: »Jetzt spüre ich meinen Schmerz. Ich sehe, wie ich mich selbst verletzt habe. Ich vergebe mir.« Wiederholen Sie die Sätze immer wieder.
- Wenn Sie noch nicht bereit dafür sind, können Sie auch sagen: »Ich versuche, mir zu vergeben.« Oder: »Es ist meine Absicht, mir zu verzeihen, wenn ich dazu in der Lage bin.« Die Absicht ist der Samen, der gelegt wird, damit Vergebung schließlich möglich wird.
- Zum Schluss bleiben Sie noch einige Minuten still sitzen und spüren nach, wie sich die Vergebung in Ihrem Herzen anfühlt.

Anderen Menschen vergeben
- Nehmen Sie sich 20 Minuten Zeit, kommen Sie an Ihrem Meditationsplatz zur Ruhe und entspannen Sie sich.
- Erinnern Sie sich an Situationen, in denen Sie sich enttäuscht oder abgelehnt, verraten oder betrogen gefühlt haben.
- Welche Gefühle sind mit diesen Situationen verbunden? Spüren Sie nach und nehmen Sie alles wahr, ohne sich dafür zu verurteilen.

- Wählen Sie nun eine Situation aus, in der Sie sich verletzt gefühlt haben. Wer war daran beteiligt? Welche Gefühle tauchen in Ihnen auf? Ist da Ärger, Wut, Scham oder ein Vorwurf?
- Versuchen Sie, Ihre schmerzlichen Gefühle in Körper, Herz und Geist wahrzunehmen. Berühren Sie die Wunde mit Ihrer liebevollen Hinwendung. Halten Sie Ihren Schmerz mit Mitgefühl. Sie können sagen: »Ich lasse meinen Schmerz zu. Ich spüre meinen Schmerz.«
- Wenden Sie sich nun der Person zu, welche die Verletzung ausgelöst hat. Sie können versuchen, sich vorzustellen, welches Leid diese Person dazu veranlasst hat, sich so verletzend zu verhalten.
- Dann sprechen Sie zu der Person: »Ich spüre den Schmerz, der durch dich und unsere Begegnung in mir ausgelöst wurde. Ich verzeihe dir jetzt.« Sie können auch sagen: »Ich versuche, dir zu vergeben, soweit ich kann.« Es ist auch möglich, den Wunsch analog der Herzenswünsche zu formulieren: »Möge ich lernen zu vergeben.«
- Machen Sie beim Wiederholen der Sätze kurze Pausen. Lassen Sie Ihre Absicht, dem anderen zu vergeben, auf sich wirken. Spüren Sie Ihr Herz.
- Beenden Sie Ihre Vergebungsmeditation, indem Sie noch einige Male Ihre Herzenswünsche an sich selbst richten.

Die Vergebungsmeditation können Sie ganz nach Ihren eigenen Bedürfnissen anwenden. Ob Sie üben, sich selbst zu verzeihen oder anderen, oder ob Sie um Vergebung bitten, bleiben Sie für ein bis zwei Wochen täglich bei der gleichen Übungspraxis und Person, damit sich die Wirkung entfalten kann. Ein erprobter Einstieg in das Thema Vergebung ist, bei sich selbst zu beginnen und zu lernen, sich selbst zu verzeihen.

Liebe kennt keine Grenzen

*Aus der Weite des liebenden Herzens können wir unser
Wohlwollen unbegrenzt ausströmen lassen,
indem wir alle Lebewesen dieser Erde in
unsere Herzenswünsche einschließen – als ob unser Herz
eine Sonne wäre und die Strahlen unsere Liebe.
So erfahren wir das Eins-Sein mit uns selbst und der Welt.
Wir fühlen uns nicht mehr getrennt von anderen,
sondern aufgehoben im großen Ganzen.*

Die Liebe wachsen lassen

Sie haben die Herzmeditation zunächst kontinuierlich für sich selbst geübt, sind dadurch zufriedener geworden und haben Vertrauen zu sich selbst entwickelt, denn die Herzenswünsche erfüllen unser ganzes Wesen und haben eine wohltuende und nährende Wirkung. Auf eine liebevolle Art sorgen wir damit gut für uns selbst. Nachdem Ihre Herzenergie zu voller Blüte gelangt ist, haben Sie damit begonnen, die guten Wünsche auf weitere Menschen auszudehnen: auf Menschen, die Sie gernhaben, Personen, denen Sie neutral gegenüberstehen, und Menschen, die Ihnen Schwierigkeiten bereiten. Nun können Sie Ihre Liebe noch mehr ausweiten und Ihr Herz so öffnen, dass letztendlich die ganze Welt darin Platz findet.

Alle Lebewesen einschließen

»So wie eine Mutter ihr Kind liebt, so sollen auch wir mit grenzenlosem Herzen alle Lebewesen lieben«, heißt es im Metta-Sutta, dem Originaltext in Pali, auf dem die Herzmeditation beruht. Eine ideale Mutter übernimmt liebevoll die Verantwortung für ihr Kind und tut alles, damit es wachsen und sich gut entwickeln kann. Diese innere Haltung einer liebenden Mutter möchte nun von uns auf alle fühlenden Wesen ausgedehnt werden. Auch das Christentum kennt diese Art von Liebe. In der Bibel heißt es dazu: »Liebe deinen Nächsten wie dich selbst.«

Wir üben, keinen Unterschied zwischen uns und unseren Mitmenschen zu machen. Was wir uns selbst wünschen, das erhoffen wir auch für andere. »Welche Wesen es auch sein mögen, ob sie schwach oder stark, groß oder klein, nah oder fern sind, ohne

Ausnahme – möge es ihnen gut ergehen«, so lauten Buddhas Worte im ursprünglichen Metta-Text. Haben wir bis jetzt unsere Wünsche an Einzelpersonen gerichtet, so erweitern wir nun die Übung der Herzmeditation auf Gruppen von Menschen, wie unsere Familie, unsere Nachbarn oder Arbeitskollegen. Und schließlich senden wir unsere wohlwollenden Sätze in alle Himmelsrichtungen, um alle fühlenden Lebewesen – Menschen und Tiere – miteinzubeziehen (siehe Seite 127). Mithilfe dieser Übungspraxis können wir lernen, unser Eins-Sein und die tiefe Verbundenheit mit allen Geschöpfen zu erfahren. Wir erkennen, dass wir nicht als isolierte und getrennte Wesen existieren.

Vom Alltag zur allumfassenden Güte
Im beruflichen Alltag stoßen wir häufig auf Hürden, die unüberwindbar scheinen. So erlebte es Sabine, Professorin an einer Hochschule, beim Aufbau eines Institutes. Sie hatte bei den vielfältigen Abstimmungsprozessen immer wieder unerfreuliche Auseinandersetzungen mit dem Rektor. »Er nimmt alles persönlich«, so ihre Analyse, »und ich weiß nicht, wie ich damit umgehen soll.« Auf die Frage, was der Rektor denn ihrer Meinung nach braucht, war die spontane Antwort: »Anerkennung«. Sabine war sich bewusst, dass seine Aufgabe schwierig und undankbar war. Die Idee, dem Rektor innerlich Wohlwollen, Zufriedenheit und Sicherheit zu wünschen, nahm sie neugierig auf.

> »Alles, was wir für uns selbst tun,
> tun wir auch für andere, und alles,
> was wir für andere tun,
> tun wir auch für uns selbst.«
> Thich Nhat Hanh | vietnamesischer Zenmeister (*1926)

Wir formulierten gemeinsam folgende vier Sätze für den Rektor: »Mögest du zufrieden mit dir selbst sein. Mögest du dich sicher fühlen. Mögest du gesund sein. Mögest du mit Leichtigkeit deine Arbeit bewältigen.« Sabine nickte zufrieden und sagte plötzlich: »Das wünsche ich auch mir – und allen anderen Institutsmitgliedern.« Damit kristallisierte sich ihre Übung klar heraus. Zuerst richtete sie die Wünsche an sich selbst, dann an den Rektor und schließlich an alle Institutsmitglieder. Freudestrahlend berichtete sie zwei Monate später, dass sich das Verhältnis zum Rektor entspannt hat, er sei kooperativer und sie durch die Übung nachsichtiger geworden. Die Zeit morgens in der U-Bahn auf der Fahrt zur Arbeit ist der Übung gewidmet, ebenso die Rückfahrt und meistens fünf Minuten vor jeder Besprechung. Nach einem Treffen mit anderen Professoren hat Sabine ihre erprobten Herzenswünsche auf die ganze Hochschule ausgeweitet und einem inneren Impuls folgend auf alle Hochschulen in Deutschland. »Indem ich anderen die Herzenswünsche sende, tue ich gleichzeitig etwas für mich«, so Sabines begeistertes Fazit, »und ich fühle mich allen verbunden.«

Bedingungslose Liebe

Mit der Herzmeditation kultivieren wir Wohlwollen und eine Liebe, die nicht unterscheidet – zwischen mehr und weniger, zwischen diesen und jenen Menschen – und die an keine Bedingungen geknüpft ist. Weder wir selbst noch die anderen müssen sich ändern, damit diese Liebe fließen kann. Mit dieser Fähigkeit zur bedingungslosen Liebe werden wir geboren. Jedoch sieht unser westliches Konzept von Liebe ganz anders aus. Es funktioniert genau entgegengesetzt, da wir nur dann Liebe empfinden, wenn wir auf Menschen treffen, die uns liebenswert erscheinen und die uns ebenfalls lieben. Wir haben Erwartungen und stellen Bedingungen, die erfüllt werden möchten, damit wir lieben können. Solange alles den eigenen Wünschen entsprechend verläuft, kann diese Liebe sehr erfüllend sein.

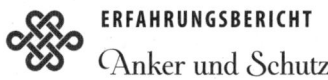

ERFAHRUNGSBERICHT
Anker und Schutz

Die Herzmeditation gibt mir die Erlaubnis, gut zu mir selbst sein zu dürfen. Ich spüre mein Herz, und die Herzenswünsche sind zu meinem inneren Leitbild geworden. Sie sind mein Anker und geben mir Orientierung und Halt. Die Sätze wirken wie eine Schutzhülle. Seit ich die Herzmeditation praktiziere, bin ich im Lauf der Zeit gelassener geworden, offener, und ich spüre mehr Freude.

Charlotte, eine Kursteilnehmerin

Verhält sich jedoch die Person nicht so, wie wir es uns wünschen, dann sind wir enttäuscht und leiden. Wir können keine uneingeschränkte Liebe für die andere Person fühlen aufgrund unserer eigenen Bedürftigkeit. Praktizieren wir jedoch die Herzmeditation, so nähren wir zuerst uns selbst mit Liebe, bis sich das Gefühl von Satt- und Erfüllt-Sein einstellt. Aus dieser Fülle heraus können wir eine unvoreingenommene Liebesfähigkeit entwickeln.

Woran erkennen wir, dass wir Fortschritte mit unserer Herzensübung machen? Eine Auswirkung ist, dass wir unabhängiger werden, uns nicht mehr an andere Personen klammern, da wir uns freier und vollständig fühlen. Durch die Herzmeditation wird ein Wertewandel eingeleitet: Es reift die Erkenntnis, dass es weniger darum geht, geliebt zu werden, als vielmehr selbst zu lieben. Die Herzensschulung wird zu einer Lebenshaltung, die Sie dann auf andere Menschen ausstrahlen. Die positiven Absichten ziehen entsprechende Resultate im Empfinden und Handeln nach sich, denn Heilsames bringt Heilsames hervor. Der gute Kontakt zum eigenen Herzen führt zu innerer Zufriedenheit. Daraus entsteht der Wunsch, dass alle Menschen Frieden und Glück in sich finden mögen.

Verbundenheit fühlen

Die Herzmeditation ist keine vom Alltag losgelöste Praxis, die nichts mit dem übrigen Leben zu tun hat. Sie steht vielmehr in enger Verbindung mit unseren Werten und Überzeugungen. Sie erfasst unser Denken, Fühlen und Handeln. Und sie geht über uns als Person hinaus und bezieht alle fühlenden Lebewesen mit ein. Wir erweitern dadurch unsere Liebesfähigkeit in unendliche Dimensionen hinein. Und wir erleben ein Gefühl der Gemeinsamkeit mit anderen.

Sehnsucht nach Eins-Sein

Im tiefsten Herzen steckt in allen Menschen ein Bedürfnis nach Zugehörigkeit und Einheit sowie der Wunsch, das Gefühl des Getrennt-Seins zu überwinden. Auch wenn heute in unserer Gesellschaft Individualität und Selbstverwirklichung sehr viel Bedeutung beigemessen wird, können sich wahre persönliche Entfaltung und Freiheit nur aus der Sicherheit des Eingebunden-Seins entwickeln. Das Gefühl der Zugehörigkeit – sei es zur Familie, zu einem Unternehmen oder zu einem Sportverein – verleiht uns Wurzeln und damit Stabilität. Wir sind Teil eines größeren Ganzen. Wie sieht Ihre Vorstellung von Zusammengehörigkeit aus? Wen beziehen Sie mit ein? Familie und Freundeskreis? Kollegen und Nachbarschaft? Die Gemeinde oder die Stadt, in der Sie leben? Gibt es auch ein Verbundenheitsgefühl zu Menschen, die schwirig für Sie sind? Wo ziehen Sie eine Grenze? Wie verbunden können Sie sich alkoholisierten Obdachlosen oder randalierenden Jugendlichen fühlen? Nutzen Sie die Übung der Herzmeditation, um das Gefühl der Verbundenheit und Zusammengehörigkeit zu entfalten und zu erweitern.

ÜBUNG
Der ganzen Familie verbunden sein

Mit dieser Übung werden Sie sich der Verbindung zu Ihrer Familie bewusst.

- Schließen Sie die Augen, spüren Sie Ihren Körper und nehmen Sie Kontakt mit Ihrem Herzen auf.
- Richten Sie sich innerlich auf Ihre Familie aus. Zu welcher Person aus dem Familienkreis fließt Ihre Liebe leicht und freudig? Schauen Sie, wer vor Ihrem inneren Auge erscheint, und sprechen Sie dann für einige Minuten Ihre Herzenswünsche zu diesem Familienmitglied. Spüren Sie Ihr Herz.
- Gibt es Personen in der Familie, zu denen die Beziehung schwierig ist? Versuchen Sie auch diesen Familienmitgliedern einen Platz zu geben und senden Sie ihnen Ihre guten Wünsche.

- Fügen Sie nun zu diesem inneren Bild Ihre Eltern, die Großeltern und Ihre Geschwister dazu. Sprechen Sie zu der ganzen Gruppe Ihre Herzenswünsche.
- Jetzt ergänzen Sie Ihr inneres Bild der Herkunftsfamilie um die Mitglieder Ihrer Gegenwartsfamilie, also Ihren Partner/Ihre Partnerin und Ihre Kinder. Lassen Sie die Wünsche für fünf Minuten zu allen fließen: »Möget ihr alle glücklich sein. Möget ihr euch sicher und geborgen fühlen. Möget ihr gesund sein. Möget ihr unbeschwert sein.«
- Gehen Sie nun in Ihrer Vorstellung ganz langsam auf Ihre Familie zu und stellen Sie sich mitten hinein. Spüren Sie den Kontakt und die Verbindung. Finden Sie einen guten Platz für sich. Sagen Sie jetzt im Inneren: »Mögen wir alle glücklich sein. Mögen wir uns ...«
- Wie fühlt es sich an, so verbunden zu sein?

Zur Unterstützung Ihrer Erinnerung und Vorstellungskraft können Sie bei dieser Übung – sofern vorhanden – Fotos Ihrer Familie aufstellen.

Verbundenheit mit Tieren

Wir haben schon oft erlebt, dass Tiere auf Meditation reagieren. Im Spirit-Rock-Meditationszentrum in Kalifornien picken die wild lebenden Truthähne mit ihren Schnäbeln an die Glasfront der Meditationshalle. Die Rehe halten sich ohne Scheu auf dem Gelände auf. Und Katzen nutzen jede Gelegenheit, um in die Halle zu kommen. Wir Menschen werden durch die Meditationspraxis ruhiger und offener. Tiere spüren das und suchen unsere Nähe.

Alles ist aufeinander bezogen

Mit der Vertiefung der Meditationspraxis entdecken wir die tiefe Wahrheit, dass wir nicht getrennt voneinander, sondern mit unserer Mitwelt verbunden sind. Diese Erkenntnis wird mittlerweile auch durch die Quantenphysik bestätigt. Prof. Hans-Peter Dürr, ehemaliger Leiter des Max-Planck-Instituts für Physik in München und Träger des alternativen Nobelpreises, sagte dazu: »Alles Bestehende ist ständig im Prozess der Veränderung, des Werdens und Vergehens. Die Schöpfung ist niemals abgeschlossen, alles steht zu allem in Beziehung. Es gibt nur das Eine. Es gibt keine getrennten Teile. Alles ist miteinander verbunden. Alles kann mit allem kommunizieren.«

> »Durch die Kraft der Liebe werden die Mauern zwischen uns und den anderen zu Staub, kaum dass wir sie berühren.«
>
> Sharon Salzberg | amerikanische Meditationslehrerin (*1952)

HERZÖFFNER
Herzlich willkommen

Am Wochenende nach dem Mauerfall strömten unzählige Ostberliner über provisorische Grenzübergänge nach Kreuzberg. Um das Niemandsland zwischen Ost und West zu überqueren, nahmen sie weite Fußmärsche in Kauf. Die Sonne schien, und es war eisig kalt, aber überall standen Gruppen von Menschen im Gespräch miteinander. Da niemand Westgeld hatte, konnte keiner ein heißes Getränk kaufen oder in ein Lokal gehen. Die Bewohner von Kreuzberg hatten das vorausgeahnt. Ganze Hausgemeinschaften improvisierten spontane Willkommen-Cafés. Sie stellten Bierbänke, Campingstühle und Tische auf den Bürgersteig, kochten pausenlos heißen Kaffee und füllten ihn in Thermoskannen ab. So konnten sich die Besucher aus Ostberlin mit Kaffee und Selbstgebackenem auf ihrer Schnuppertour stärken. In den Schaufenstern hingen selbst gemalte Plakate mit Willkommensgrüßen und Orientierungsplänen: »Hier seid ihr jetzt, und so kommt ihr zur nächsten U-Bahn-Station.« Das Wunder des 9. November 1989 öffnete mühelos die Herzen.

Schneiden wir uns innerlich von anderen und dem großen Ganzen ab, so fühlen wir uns inmitten einer Menschenmenge einsam und können andere weniger gut akzeptieren. Durch die Herzmeditation erkennen und fühlen wir, dass alle Wesen und Dinge aufeinander bezogen sind – wir erleben Verbundenheit. So lösen sich Diskriminierung und Abgrenzung zwischen Menschen auf, und ein respektvoller Umgang mit anderen wird möglich. Wir sind weniger an unsere eigenen engen Interessen gebunden und können das beglückende Gefühl von Gemeinschaft erleben und genießen.

Gemeinsame Interessen verbinden

Erinnern Sie sich an Situationen, bei denen Sie die Verbundenheit mit anderen gespürt haben? Für viele bedeutet zum Beispiel das Singen im Chor, Musizieren im Orchester oder der Sport in einer

Mannschaft eine beglückende Erfahrung des Zusammenhalts und der Einheit. Begeistert vom Gemeinschaftsgeist sind häufig auch Menschen, die sich als Gruppe gerade zusammenfinden, etwa auf einer Fortbildung oder in einer einsam gelegenen Berghütte.

Und natürlich kann auch die Übung der Achtsamkeits- oder Herzmeditation in einer Gruppe diesbezüglich sehr anregend und unterstützend sein. Das erfahren zum Beispiel Menschen in dem von Thich Nhat Hanh gegründeten buddhistischen Kloster und Übungszentrum Plum Village in Frankreich. Vielleicht finden Sie ja einige Gleichgesinnte und gründen eine »Sangha«, wie eine Gemeinschaft von Meditierenden genannt wird. Oder Sie halten Ausschau nach einer Meditationsgruppe in Ihrer Nähe, der Sie sich anschließen können.

MEDITATION
Die Herzmeditation ausweiten

Eine kleine Vorübung (siehe Seite 123) haben Sie bereits gemacht. Jetzt lernen Sie einen weiteren Schritt der Herz- oder Metta-Meditation kennen. Dabei richten Sie Ihre Herzenswünsche auf verschiedene Gruppen von Menschen und beziehen schließlich alle Lebewesen in allen Himmelsrichtungen rund um die Erde ein.

- Nehmen Sie Ihre entspannte Meditationshaltung ein und spüren Sie Ihr Herz.

Herzmeditation für Gruppen
- Richten Sie für einige Minuten die Herzenswünsche an sich selbst.
- Dann wählen Sie eine der nachfolgenden Gruppen aus: Ihre Familie, den Freundeskreis, Ihre Nachbarn, das Dorf oder die Stadt, in der Sie leben, die Belegschaft des Unternehmens, in dem Sie

arbeiten, alle Mitglieder des Sportvereins oder eine andere für Sie wichtige Gruppe.
- Stellen Sie sich nun vor, dass Sie aus Ihrem Herzen heraus zu der ausgewählten Gruppe Ihre Herzenswünsche innerlich sprechen. Fühlen Sie, dass die Wünsche wie Strahlen aus Ihrem Herzen kommen. Spüren Sie, was das in Ihrem Herzen auslöst. Bleiben Sie für zehn Minuten bei dieser Gruppe.

Herzmeditation in alle Himmelsrichtungen
- Werden Sie sich bewusst, wo sich – von Ihrem Meditationsplatz aus gesehen – Osten, Süden, Westen und Norden befinden.
- Schicken Sie nun allen Lebewesen – Menschen und Tieren – im Osten des Landes, in dem Sie leben, Ihre Wünsche. Danach allen im Süden, Westen und Norden.
- Nun visualisieren Sie alle Länder und alle Kontinente, die sich östlich von Ihnen befinden, und senden Sie Ihre Wünsche in diese Richtung. Lassen Sie dann die anderen drei Himmelsrichtungen folgen.
- Sprechen Sie Ihre vier Herzenswünsche »Mögen alle Lebewesen im Osten glücklich sein … usw.« immer in derselben Reihenfolge, beginnend bei Osten, dann gehen Sie weiter zu Süden, Westen und Norden.
- Spüren Sie, wie Ihr Körper in alle Richtungen liebevolle Wünsche aussendet.

Üben Sie mit einer Gruppe eine Woche lang die Herzmeditation, bevor Sie zu einer anderen Gruppe wechseln. Sie können die Meditation in alle Himmelsrichtungen für eine ganze Meditationssitzung üben oder jeweils am Ende einer Meditation anfügen.

Umgang mit Freud und Leid

Mit der Herzmeditation üben wir, uns selbst und der Welt in einer liebenden Haltung zu begegnen. Dazu gehört auch, sich dem Leid zu öffnen und sich von Herzen zu freuen. Mitgefühl und Mitfreude sind die entsprechenden Herzensqualitäten. Sie können mit starken Emotionen verbunden sein, daher brauchen wir noch eine weitere wunderbare Eigenschaft – die Gelassenheit.

Das mitfühlende Herz

Mitgefühl mit anderen ist eine zentrale Herzensqualität buddhistischen In-der-Welt-Seins. Doch: »Bevor wir uns um andere kümmern wollen, müssen wir erst in der Lage sein, uns selbst zu lieben«, so lautet die klare Botschaft des Dalai Lama. Wir können anderen nicht geben, was wir selbst nicht haben. Deshalb nähren wir mit unseren Herzenswünschen zuerst unser eigenes Herz. Damit kultivieren wir die Fähigkeit, uns selbst zu lieben, und schaffen die Voraussetzung, anderen Menschen in Liebe und Mitgefühl zu begegnen und ihnen helfen zu können. Der Mut, dem Leid ins Auge zu sehen, erweicht unser Herz, und es wachsen Mitgefühl für andere sowie die Kraft, unserem eigenen Leid nicht auszuweichen. Da es uns leichterfällt, mit anderen mitzufühlen, üben wir zunächst Mitgefühl für andere, bevor wir uns dem eigenen Schmerz zuwenden.

Sich vom Leid anderer berühren lassen

Wir haben ein Arbeitstreffen zum Thema Herzmeditation und sitzen mit fünf Frauen zum Erfahrungsaustausch zusammen. Die Nachbarkatze Lea schleicht an den Terrassentüren entlang und kratzt mit der Pfote an den Scheiben. Da sie gar nicht damit aufhören will, stellen wir ihr ein Schälchen Milch hin. Vielleicht hat sie ja Hunger. Sie rührt die Milch nicht an. Es ist ungewöhnlich, dass sie unsere Nähe sucht, denn sie ist eine sehr scheue Katze. Lea klopft immer wieder lautstark mit der Pfote an der Tür. Wir spüren ihre Unruhe und streicheln sie. Zwei Tage später erfahren wir, dass die Nachbarn im Urlaub sind und Leas Schwesterkatze Paula versehentlich im Haus eingesperrt worden ist. Lea hat wohl

Paulas verzweifelte Schreie gehört und versucht, ihr zu helfen, indem sie zu uns kam und auf Katzenart um Hilfe bat. Leider haben wir ihre Botschaft nicht verstanden. Paula wurde glücklicherweise trotzdem rechtzeitig entdeckt und befreit.

Sowohl Tiere als auch wir Menschen können das Leid von anderen nachempfinden. Hören wir Hilferufe, dann spüren wir die Not und Verzweiflung genauso wie die Katze Lea. Aus Mitgefühl haben wir das Bedürfnis zu helfen. Doch um wirklich Mitgefühl zu empfinden, brauchen wir die Bereitschaft, Schmerz und Leid an uns herankommen zu lassen. Das fällt uns meist schwer. Unsere erlernte Reaktion lässt uns vor dem Schmerz davonlaufen – vor unserem eigenen ebenso wie vor dem Schmerz von anderen.

Unser intuitives Einfühlungsvermögen
Wie spüren und erkennen wir, wie sich andere Personen fühlen? Der italienische Neuropsychologe Giacomo Rizzolatti hat mit seinem Team 1995 die Spiegelneuronen entdeckt. Diese sind Nervenzellen im Gehirn, die dafür zuständig sind, dass wir die Gefühle anderer spüren können. Betrachten wir beispielsweise ein weinendes Kind, so werden in unserem Gehirn die gleichen Bereiche aktiviert wie im Gehirn des Kindes. Uns selbst wird zum Weinen zumute. Wir müssen also eine Handlung nicht selbst ausüben, sondern nur beobachten, und schon rufen unsere Nervenzellen spiegelbildlich die Gefühle des anderen in uns wach. Deshalb ist Weinen oder auch Lachen so ansteckend. Die Spiegelneuronen sind die neurowissenschaftliche Erklärung, warum wir in der Lage sind, uns intuitiv in andere einzufühlen und ihre Gefühle, Bewegungen und Absichten nachzuvollziehen.

> »Mitgefühl ist der Wunsch,
> dass alle Wesen Befreiung vom Leiden erlangen.«
>
> Tenzin Gyatso | 14. Dalai Lama (*1935)

Das Herz in Mitgefühl öffnen

Sich vom Schmerz eines anderen berühren zu lassen und darauf mit Mitgefühl zu reagieren, ist der Kern buddhistischer Mitgefühlspraxis. Mit den bisherigen Übungen und Meditationen in diesem Buch haben Sie geübt, Ihr Herz zu öffnen und bedingungslose Liebe zu entwickeln. Trifft nun ein in dieser Weise geschultes Herz auf Leid, dann entsteht ganz natürlich Mitgefühl. In der Mitgefühlsmeditation (siehe Seite 134) sprechen wir – ebenso wie in der Herzmeditation – innerlich Sätze, in diesem Fall zu leidenden Personen, etwa »Ich spüre dein Leid. Mögest du frei sein von Sorgen und Schmerz« (siehe auch Seite 133 und 134). Wir nehmen Anteil am Leid und wünschen, dass es beendet werden möge.

In alten buddhistischen Texten wird Mitgefühl als ein Beben und Zittern im Herzen angesichts des Leids beschrieben, verbunden mit dem innigen Wunsch, dass alle Lebewesen von Leid und dessen Ursachen befreit werden mögen. Der Akzent der Mitgefühlsmeditation liegt auf dem Wunsch nach Verringerung und Befreiung von Leid.

Mitgefühl gepaart mit Weisheit

Um uns mit der Übung von Mitgefühl nicht zu überfordern und zu viel von uns zu verlangen, brauchen wir ein klares Verständnis dafür. Praktizieren Sie beispielsweise die Mitgefühlsmeditation für eine Person, die schwer an einer Krankheit leidet, dann geht es nicht darum, der anderen Person die körperliche Krankheit abzunehmen. Vielmehr senden Sie den Wunsch aus, dass sich das mit der Krankheit verbundene emotionale Leiden lindern möge. Mit Ihren Wünschen möchten Sie, dass die Person sich entspannen und sich mit der eigenen Kraft und Weisheit des Herzens verbinden kann, um Heilung zu finden. Mitgefühl braucht auch eine rationale Klarheit, die sieht, wie der Impuls zu helfen zum Ausdruck kommen und sinnvoll eingesetzt werden kann: Manchmal können wir direkt handeln und Erste Hilfe leisten, in anderen Fällen ist vor allem unser Mitfühlen gefragt.

Sharon Salzberg erzählt in ihrem Buch »Metta-Meditation« vom Besuch des Dalai Lama im Meditationszentrum Insight Meditation Society in den USA. Sie hatte zuvor einen schweren Autounfall und kam auf Krücken und ziemlich niedergeschlagen zu seinem Empfang. Als das Auto vorfuhr, stand sie in der letzten Reihe der Menschenmenge. Der Dalai Lama stieg aus, schaute sich um, sah sie auf Krücken gestützt und kam geradewegs durch die Menge hindurch auf sie zu. Er nahm ihre Hand, sah ihr in die Augen und fragte: »Was ist passiert?«

Es war ein wundervoller Moment für Sharon Salzberg. Ganz offensichtlich nahm der Dalai Lama ihr Leid wahr, und sie fühlte sich durch die spontane Geste der Anteilnahme liebevoll umsorgt.

Eine Auswahl an Mitgefühlssätzen

Für die Mitgefühlsmeditation (siehe Seite 134) können Sie einen Satz auswählen, der Ihrem Ausdruck von Mitgefühl am meisten entspricht.

- Mögest du frei sein von Schmerzen und Leid.
- Mögest du frei sein von körperlichem und seelischem Leid.
- Mögen sich deine Sorgen und dein Leid vermindern.

- Mögest du Trost finden.
- Mögest du deinem Leid mit Mitgefühl begegnen.
- Mögest du dein Leid in Mitgefühl halten.
- Mögest du in Frieden sein können mit deiner schwierigen Situation.
- Mögest du von Mitgefühl umfangen sein.

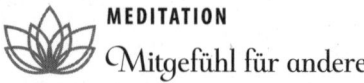

MEDITATION
Mitgefühl für andere

Sitzen Sie entspannt in aufrechter Haltung und stimmen Sie sich ein, die nächsten 20 Minuten Ihr Herz für andere in Mitgefühl zu öffnen.
- Schließen Sie die Augen. Atmen Sie ruhig und gleichmäßig und spüren Sie Ihre Lebendigkeit. Nehmen Sie wahr, was für ein Geschenk das menschliche Dasein ist und wie Sie sich selbst vor körperlichem und seelischem Schmerz und Leid bewahren wollen. Verweilen Sie eine Zeit lang so.
- Vergegenwärtigen Sie sich nun eine Ihnen nahestehende geschätzte Person, die leidet. Versetzen Sie sich in ihre Lage und fühlen Sie ihre Angst, die Sorgen, den Schmerz oder den Verlust. Spüren Sie, was es heißt, mit diesem Leid zu leben. Nehmen Sie es in Ihrem eigenen Körper und Herzen wahr. Was ist das Schmerzliche an dieser Erfahrung, was braucht die Person?
- Spüren Sie, wie Sie Anteil nehmen und trösten wollen. Stellen Sie eine Verbindung von Ihrem mitfühlenden Herzen zum Herzen der leidenden Person her und schicken Sie in einem wärmenden Strom tröstende Worte an sie (Vorschläge siehe Seite 133 und 134).
- Wiederholen Sie für zehn Minuten Ihren Satz in regelmäßigen Abständen und spüren Sie die Verbindung zur leidenden Person.

- Erweitern Sie nun Ihr Mitgefühl auf alle Personen, die das gleiche Leid erfahren. Wenn Ihr Gegenüber an Krebs leidet oder trauert, dann schicken Sie Ihren mitfühlenden Satz an alle Personen mit einer Krebserkrankung oder an alle, die einen Menschen verloren haben. Sprechen Sie Ihren Mitgefühlssatz fünf Minuten lang zu allen Menschen mit dem gleichen Leid.
- Zum Schluss können Sie für einige Minuten allen leidenden Wesen dieser Erde Ihre Wünsche zur Linderung und Befreiung von Leiden zusenden.

Mitleid – missverstandenes Mitgefühl

Manchmal wird Mitgefühl mit Mitleid verwechselt. Sie sehen zum Beispiel beim Einkaufsbummel in der Fußgängerzone eine verstümmelte Frau am Boden sitzend, mit einer Schale vor sich. Wie reagieren Sie darauf? Schauen Sie gleich wieder weg, oder werfen Sie im Vorbeigehen eine Münze hinein und gehen dann schnell weiter? Reagieren wir mit Mitgefühl, so erlauben wir uns, die seelischen und körperlichen Schmerzen der Bettlerin in uns selbst zutiefst zu spüren. Empfinden wir Mitleid, dann erweckt ihr Anblick in uns eine innere Abwehr, wir wollen weder unseren eigenen noch den Schmerz der Bettlerin fühlen. Wir möchten nur der Situation so schnell wie möglich aus dem Wege gehen. Es kommt sogar vor, dass wir uns über die Leidenden arrogant erheben, indem wir sie aus einer inneren Distanz heraus herablassend bemitleiden und bedauern.

Zuweilen passiert das Gegenteil – dass wir uns stark mit dem Schmerz des anderen identifizieren, weil dieser Schmerz unser ureigenes Leid berührt. Vielleicht werden dabei sogar eigene traumatische Erlebnisse in uns wachgerufen. Um uns nicht zu überfordern, möchte als Allererstes unser eigenes Leid in Mitgefühl gehalten, anerkannt und damit geheilt werden. Das Mitgefühl für andere basiert auf dem Mitgefühl für uns selbst.

Mitgefühl im Alltag zeigen

Täglich hören und sehen wir Nachrichten über Naturkatastrophen, Kriege, Unfälle oder Gewaltanwendungen – leidvolle Ereignisse, die unzählige Personen betreffen. Menschen werden verletzt, gedemütigt, sie verlieren ihre Liebsten, hungern oder müssen aus ihrer Heimat fliehen vor Krieg und Terror. Es gehört Mut dazu, angesichts dieses unermesslichen Leids das eigene Herz nicht zu verschließen.

Wie können wir im Alltag Mitgefühl zum Ausdruck bringen, ohne uns mit überhöhten Ansprüchen und Idealvorstellungen zu überfordern?

HERZÖFFNER
Tatkräftiges Mitgefühl

Familie Brauer wohnt am Dorfrand in einem kleinen roten Ziegelhaus zur Miete. Das Einkommen des Vaters reicht nur mühsam für den Unterhalt des fünfköpfigen Haushalts. Die Mutter ist Hausfrau und durch die Pflege der schwerbehinderten ältesten Tochter oft am Rande ihrer Kräfte. Seit einem Jahr ist auch der Jüngste oft krank. Schließlich wird bei ihm Leukämie festgestellt. Die Eltern sind völlig verzweifelt und hadern mit ihrem Schicksal. Eines Tages trifft ein Brief des Vermieters ein. Besorgt öffnet der Vater den Umschlag. Die Überraschung: Der Vermieter hat der Familie in dieser schweren Zeit als Zeichen der Anteilnahme Haus und Grundstück überschrieben.

Bei genauem Hinspüren stellen sich immer wieder folgende Fragen: Was wäre hilfreich? Und was ist mir überhaupt möglich? Es kann eine ganz konkrete Hilfe sein, Kleidung für Flüchtlinge oder Geld für eine Hilfsorganisation zu spenden. Wir können aber auch Mitgefühl praktizieren und unser Herz für die Not der Menschen öffnen, indem wir ihnen wünschen, dass sie Hilfe erhalten und in ihrem Leid nicht allein und im Stich gelassen werden. Wir sehen nicht weg, sondern spüren das Menschliche im Leid, das uns alle verbindet.

Füreinander da sein

Die zehnjährige Lucia weint leise, und auf Nachfragen ihrer Patentante sagt sie: »Ich habe keine Freundinnen in der Schule.« Beide sitzen nebeneinander auf Lucias Bett. Es ist still, und die Traurigkeit liegt wie ein grauer Schleier über Lucia. Nach einer Weile sagt die Tante: »Dann fühlst du dich sicher sehr alleine.« Lucia nickt stumm mit dem Kopf. Sie ist seit drei Monaten an der neuen Schule. »Das ist nicht einfach«, sagt die Tante und erklärt, dass es Zeit braucht, um sich kennenzulernen und damit auch besser zu verstehen. Sie fragt nach und hört zu. Nach einer Weile sagt Lucia schließlich: »Vielleicht könnte ich Jana und Anne zu mir einladen«, und läuft zu ihrer Mutter.

Ausdrucksformen von Mitgefühl sind vielfältig – etwas zu essen anbieten, fragen, was geschehen ist, zuhören, wirklich für den anderen da sein. Eine einfache Handlung kann sehr viel verändern. Mitfühlende Worte und Gedanken können den Schmerz lindern. Und selbst wenn unser Für-den-anderen-da-Sein und unser Mitgefühl nur bewirken, dass sich jemand in seinem Leid nicht mehr ganz so alleine fühlt wie zuvor, ist dies ein sehr großes Hilfsangebot. Der vietnamesische Zenmeister Thich Nhat Hanh sagt: »Ein einziges Wort kann Trost und Zuversicht schenken, kann helfen, Zweifel zu zerstreuen, Fehler zu vermeiden, kann einen Konflikt beilegen oder das Tor zur Befreiung öffnen. Ein einziger Gedanke kann das Gleiche bewirken, denn Gedanken gehen stets Worten und Handlungen voraus.«

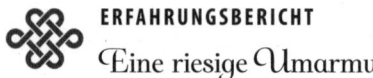

ERFAHRUNGSBERICHT
Eine riesige Umarmung

Spüre ich echte Anteilnahme von anderen, dann werde ich ruhiger und fühle mich gesehen und verstanden. Dann ist Mitgefühl wie eine riesige Umarmung, bei der aller Druck von mir weicht. Ist jemand offen und vorurteilslos für mich da, fühle ich mich mit meinem Schmerz nicht alleine – das tut gut.

Monika, eine Kursteilnehmerin

Mit sich selbst fühlen

»Ich fühle mich wie abgeschnitten und möchte so gerne wieder etwas fühlen können«, sagt Katharina. Diesen Wunsch, wieder Zugang zu den eigenen Gefühlen zu bekommen, beschreiben immer wieder Teilnehmer unserer Meditationskurse. Im Gespräch mit Katharina erkunden wir gemeinsam ihre Lebenserfahrungen, um herauszufinden, was dazu geführt haben mag, dass sie ihr Herz verschlossen hat. Ganz apathisch und starr beschreibt sie ihre Mutter, die kaum Zeit für sie hatte, als hart und unnahbar. Wir fragen: »Was hättest du dir denn von deiner Mutter gewünscht?« Katharina antwortet mit einem Achselzucken. Wir geben ihr die Anregung, einen Brief an eine ideale Mutter zu schreiben, an eine Mutter, die all das getan hätte, was die kleine Katharina sich wünschte. Zwei Tage später sitzen wir wieder zusammen, und Katharina hält ihren Brief in der Hand. Sie beginnt laut zu lesen, ihre Stimme ist dünn. Dann füllen sich ihre Augen mit Tränen. Sie unterbricht kurz und liest dann weiter: »Ich sitze auf dem Schoß meiner idealen Mutter, sie streicht liebevoll über mein Haar, nimmt mich in die Arme und flüstert mir ins Ohr, dass sie mich lieb hat.« Hier bricht Katharina in Schluchzen aus. Ein Meer von Tränen strömt aus ihr heraus.

Das Tor öffnen

Sich das eigene Leiden, die unerfüllten Sehnsüchte und Wünsche einzugestehen, öffnet das Tor zu den Gefühlen. Die Wahrheit befreit, auch wenn sie schmerzhaft ist. Und sie ermöglicht uns, dem ganzen Ausmaß des erfahrenen Leids mitfühlend zu begegnen. Katharina spürte zum ersten Mal zärtliche Liebe für das kleine Mädchen, das sie einmal war, und übte sich darin, ihr ganzes Leid mitfühlend und verständnisvoll immer wieder zu spüren. Sie sagte zu sich: »Es war in Ordnung, meine Kleine, dass du dich geschützt hast und dein Herz eingesperrt hast, es war zu schwer.« Nach einigen Tagen fügte sie hinzu: »Ich verzeihe mir und werde nun meine Wunden in Mitgefühl heilen.«

ERFAHRUNGSBERICHT
Mitfühlende Akzeptanz

Als ich meiner langjährigen besten Freundin den Mann vorstellte, den ich später geheiratet habe, reagierte sie angriffslustig und abweisend. Ich wünschte mir sehr, dass sich die beiden verstehen würden. Meine Freundin zog sich zurück, war nicht erreichbar. Ich konnte es nicht fassen, war enttäuscht und traurig. Alle meine Versuche, den Kontakt zu halten, scheiterten. Ich fühlte mich verlassen und sie wahrscheinlich auch. Wir konnten nicht darüber reden. Viele Jahre spürte ich meinen Schmerz über den Verlust der Freundschaft, wenn ich an sie dachte. Gleichzeitig versuchte ich nachzuempfinden, wie es ihr wohl mit der Situation erging. Auch sie hatte den tiefen Wunsch, in einer Partnerschaft glücklich zu sein. Aber erst das Mitgefühl für meinen eigenen Schmerz über den Verlust hat es mir ermöglicht, auch wahres Mitgefühl für meine Freundin und ihre Situation zu entwickeln und zu akzeptieren, dass sie unsere Freundschaft nicht aufrechterhalten konnte. Ich bin sehr dankbar für die gemeinsame Zeit und die vielen wunderbaren Erlebnisse und intensiven Gespräche mit ihr.

Angelika Baur

Mit der Übung auf Seite 141 können auch Sie Ihrem Selbstmitgefühl näherkommen und sich für Ihren eigenen Schmerz öffnen.

Wir können dem Schmerz nicht entfliehen, doch wir können uns aus seiner Gefangenschaft befreien. Beruhen Selbstmitgefühl und Selbstvergebung auf einer ehrlichen Hinwendung zu unserem eigenen Leid, sind sie gesund und heilsam. Wir werden, wenn wir uns selbst gegenüber Mitgefühl walten lassen, nicht mehr vom Schmerz beherrscht, sondern können selbstbestimmt mit alten Narben und auch mit neuen Wunden umgehen.

ÜBUNG
Das eigene Leid spüren und halten

Mit dieser Übung stellen Sie eine Verbindung zu Ihrem eigenen Leid her und entwickeln Mitgefühl für sich selbst. Nehmen Sie sich Zeit, um still zu werden.

- Richten Sie Ihre Aufmerksamkeit auf schwierige, schmerzliche Gefühle, die Sie immer wieder beschäftigen. Vielleicht sind es wiederkehrende Sorgen, Scham, Wut oder Angst, die Sie häufig befallen. Erlauben Sie diesen Gefühlen, sich zu zeigen und sich auszubreiten, damit Sie alle damit verbundenen Empfindungen deutlich im Körper spüren können.
- Bereiten Sie sich nun darauf vor, beim Einatmen die Aufmerksamkeit auf Ihren Schmerz zu lenken und sich beim Ausatmen Trost zuzusprechen.
- Spüren Sie beim Einatmen Ihre schmerzlichen Gefühle und stellen Sie sich vor, wie Sie die Arme weit ausbreiten, um alle auftauchenden Emotionen zu fühlen und liebevoll zu halten.
- Beim Ausatmen senden Sie anteilnehmende Worte an sich selbst, wie: »Möge ich frei sein von Angst, möge ich mich sicher fühlen, möge sich mein Schmerz lindern« oder »Möge ich frei sein von Sorgen und Leid«. Geben Sie sich den Trost und die Fürsorge, die Sie sich schon immer sehnlichst gewünscht haben. Legen Sie dabei in Ihrer Vorstellung die Arme um sich selbst und halten Sie sich in Liebe und Mitgefühl. Was immer Sie

auch empfinden, bringen Sie Ihrem Schmerz dieselbe Zärtlichkeit entgegen, die Sie auch für ein kleines verängstigtes Kind empfinden würden.
- Wenn Sie mit dieser Übung etwas vertraut sind, dann können Sie im Alltag, wenn ein heftiges leidvolles Gefühl in Ihnen aufsteigt, einige Atemzüge lang einatmend dem Gefühl Raum geben und sich ausatmend Verständnis und Trost zusprechen.

Selbstvorwürfe – eine leidvolle Gewohnheit

Wenn wir in einer geführten Meditation unsere Kursteilnehmer anregen, nach Eigenschaften und Fähigkeiten Ausschau zu halten, die sie gerne an sich mögen, dann müssen die meisten längere Zeit danach suchen. Bei der Frage nach ihren Schwächen oder Unzulänglichkeiten dagegen tauchen ziemlich schnell Eigenheiten auf, mit denen sie selbst nicht zufrieden sind. Wofür kritisieren Sie sich? Halten Sie einen Augenblick inne und überlegen Sie, was Sie an sich selbst nicht schätzen und weswegen Sie sich immer wieder Vorwürfe machen.

Von unseren Teilnehmern hören wir oft, dass sie es sich übel nehmen, zu viel zu essen, die regelmäßigen morgendlichen Körperübungen nicht zu machen, zu wenig Sport zu treiben, wichtige Aufgaben nicht zu erledigen oder den Partner durch Eifersucht zu verletzen. Nicht nur Verhaltensweisen, auch Gefühle verurteilen wir oft, etwa die Angst, den Anforderungen nicht gewachsen zu sein, oder die Wut, die wir nicht in den Griff bekommen. Wir distanzieren uns von unserer Verletzlichkeit, unserer Angst oder Wut, indem wir sie mit Selbstkritik überlagern. Anstatt uns den schwierigen Emotionen zuzuwenden, empfinden wir sie als Versagen und schämen uns dafür. Dadurch fügen wir dem ursprünglichen Schmerz noch einen weiteren hinzu. Wir könnten es auch so formulieren: Wir haben eine Ohrfeige bekommen und geben uns dann anschließend selbst noch eine. Die erste »Ohrfeige« gehört einfach zum Leben dazu, das ganz natürlich eine große Palette an schwierigen Gefühlen bereithält – ob wir das wollen oder nicht. Aber auf die zweite Ohrfeige können wir verzichten, da haben wir die Wahl. Wir können aufhören, uns selbst für unser Fühlen, Denken und Handeln zu bestrafen. Warum sind wir eigentlich so hart und unerbittlich mit uns? Weil wir unbewusst annehmen, dadurch ein besserer Mensch zu werden? Tatsächlich aber behindern wir durch Selbstkritik eine Veränderung. Unsere Schattenseiten (siehe Seite 98) möchten mitfühlend angenommen werden. So lösen wir die Kritik auf und unterstützen uns wahrhaftig bei unserer persönlichen Entwicklung.

MEDITATION

Sich selbst mitfühlend begegnen

Reservieren Sie sich 20 Minuten Zeit, die Sie zu Hause ungestört an einem bequemen Platz verbringen können. Mit dieser Meditation üben Sie, Ihrem eigenen Leid mitfühlend zu begegnen.

- Schließen Sie die Augen und richten Sie die Aufmerksamkeit auf Situationen und Erlebnisse, in denen Sie Schmerz und Leid erfahren haben. Das können starke körperliche Schmerzen sein, aber auch psychische Schmerzen wie Einsamkeit, Angst, Verzweiflung. Nehmen Sie alles zur Kenntnis, was sich zeigt, und spüren Sie die schmerzlichen Gefühle in Ihrem Körper.
- Wählen Sie nun eine leidvolle Situation aus und sagen Sie von Herzen zu sich folgende Worte: »Ich sehe mein Leid. Möge ich Trost finden.« Oder: »Mein Leid berührt mich. Möge ich frei sein von Sorgen und Leid.« Wählen Sie die Worte, die sich stimmig

- und richtig für Sie anfühlen, und wiederholen Sie diese einige Minuten.
- Spüren Sie die Wirkung der Worte in Ihrem Körper und in Ihrem Herzen. Nehmen Sie sich in Ihrer Vorstellung fürsorglich selbst in den Arm.
- Erkennen Sie Ihre schwierigen Gefühle an und bekämpfen Sie Ihr Leiden nicht. Sagen Sie zu sich selbst: »Das ist wirklich schwierig für mich – möge ich frei sein von körperlichem und seelischem Leid.« Halten Sie Ihren Schmerz in Mitgefühl.
- In dem Wissen, dass alle Menschen Leid erfahren, sagen Sie zu sich selbst: »Möge ich frei sein von körperlichem und seelischem Leid. Möge ich Trost finden. Möge ich von Mitgefühl umfangen sein.«
- Geben Sie Ihren körperlichen Bedürfnissen Raum. Sie können sich einkuscheln, sich selbst umarmen und streicheln, so wie Sie es brauchen.

Gut für sich selbst sorgen

Indem wir Schmerz und Selbstkritik achtsam wahrnehmen und mitfühlend akzeptieren, sorgen wir für uns selbst. Zur Selbstfürsorge gehört auch, die Bedürfnisse von Körper, Herz und Geist ernst zu nehmen und zu befriedigen, etwa das Bedürfnis nach Rückzug und innerer Einkehr oder der Kontakt zu anderen Menschen. Fragen wir unsere Kursteilnehmer, was ihr Herz nährt, dann erhalten wir Antworten wie »sich Zeit nehmen«, »einen Spaziergang in der Natur genießen«, »in den Arm genommen werden« oder »ein Lächeln meiner Tochter«. Viele Meditierende berichten aber auch, dass sie das Gefühl haben, mit der Herzmeditation wunderbar für sich selbst zu sorgen. Sie empfinden diese Art der Fürsorge, das Wohlwollen und die dabei erfahrene Freude als beglückend. In für sie schwierigen Zeiten, in denen sie mit Leid und Schmerz konfrontiert werden, wechseln sie zur Mitgefühlsmeditation (siehe Seite 143), die sie als eine sehr hilfreiche und tröstliche Übung erleben.

Schmerz und Leiden unterscheiden
Stellen Sie sich vor, Sie sitzen auf dem Behandlungsstuhl beim Zahnarzt. Es wird eine Zahnfüllung erneuert, und die entsprechende Stelle ist betäubt. Der Arzt setzt den Bohrer an, und in Ihrem Kopf surrt und dröhnt es. Vielleicht geht es Ihnen ja auch so wie vielen Menschen: Sie spannen sich an und warten ängstlich darauf, den Schmerz doch zu spüren, wenn auf den Nerv gebohrt wird. Wir haben Angst und leiden, obwohl wir tatsächlich gar keinen Schmerz verspüren. Hier zeigt sich:

Die körperliche Empfindung von Schmerzen und unser Leiden daran sind nicht dasselbe! Beides hängt allerdings zusammen. Reagieren wir auf den Schmerz – physischen wie psychischen – mit Abwehr, verstärken wir ihn. In der buddhistischen Psychologie gibt es eine einfache Faustregel: Je größer unser Widerstand gegen die Schmerzen ist, desto größer ist unser Leiden. Ein wesentlicher Teil unseres Leidens entsteht aus dem Aufbegehren gegen unsere eigene innere Empfindung. Haben Sie zum Beispiel einen geliebten Menschen verloren, dann ist es ganz natürlich zu trauern. Weigern Sie sich jedoch, dem Gefühl der Trauer Raum zu geben, dann fügen Sie sich selbst noch mehr Leid zu. Nehmen wir dagegen den Widerstand achtsam wahr, dann können wir versuchen, ihn etwas zu lockern, um den Schmerz dahinter zu empfinden und zu erforschen. Damit unterstützen wir Körper und Seele, da wir die Energie, die im Kampf gegen den Schmerz verbraucht wird, nun für unsere Heilung einsetzen können.

Die Wurzeln des Leids erkennen

Um wahres Mitgefühl zu entwickeln, ist es notwendig, dass wir die Ursachen des Leidens verstehen. Ganz offensichtlich leiden wir, wenn wir eine unangenehme und schmerzliche Erfahrung machen. Dies kann auf Körperebene beispielsweise ein Migränekopfschmerz und auf emotionaler Ebene ein unproduktives Streitgespräch sein. Leiden ist kein persönliches Versagen, sondern ein integraler und unvermeidbarer Bestandteil des Lebens. Und selbst angenehme Erfahrungen und Zustände verursachen Leiden, und zwar dann, wenn sie sich verändern und vergehen. Alles ist dem Gesetz der Vergänglichkeit unterworfen. Deshalb können wir selbst in dem, was im Moment angenehm und erfüllend ist, keine Sicherheit finden. Halten wir an einem momentan bestehenden angenehmen Zustand fest, werden wir leiden. Lassen wir ihn los, sobald er vergeht, dann sind wir frei. Unser ganzes Leben wird vom ständigen Verlangen nach angenehmer und dem Vermeiden von unangenehmer Erfahrung beherrscht – ganz automatisch, ohne dass wir uns dessen bewusst sind. Im Buddhismus wird diese Unwissenheit, dass wir vom Verlangen nach dem Angenehmen und der Ablehnung des Unangenehmen gesteuert werden, als die Wurzel des inneren Leids bezeichnet. Um dies wirklich nachvollziehen zu können, brauchen wir neben dem rationalen Verstehen das unmittelbare Erleben in der Meditation. Erst unsere eigene Erfahrung ermöglicht es uns, Leiden und die Ursachen von Leid in der Tiefe zu erkennen.

Sich von Herzen freuen

Für den libanesischen Dichter und Philosophen Khalil Gibran gehören Freude und Leid zusammen wie Tag und Nacht, sie sind zwei Seiten einer Medaille. Wenn wir die Finsternis der Nacht erlebt haben, wissen wir das Licht des Tages zu schätzen – das Leid macht uns empfänglich und sensibel für die Freude. Khalil Gibran sagt: »Weder möchte ich die Trauer meines Herzens gegen die Freuden der Menschen eintauschen, noch wäre es mir lieb, dass sich die Tränen meines Kummers in Lachen verwandeln. Vielmehr wünsche ich mir, dass es in meinem Leben stets Tränen und Lächeln gibt.«

Dass die Freude in Vergessenheit geraten kann, davon erzählt die amerikanische buddhistische Nonne Pema Chödrön. Sie hatte ihre deutsche Kollegin Ayya Khema eingeladen, einen Meditationskurs in ihrem Kloster abzuhalten. Ayya Khema betonte in den Anleitungen zur Herzmeditation besonders den Aspekt der Freude. Dadurch wurde Pema Chödrön plötzlich bewusst, wie sehr sie sich auf das Leid und den Umgang mit unangenehmen Erfahrungen konzentriert hatte. Die Freude war für sie ganz in den Hintergrund gerückt. Geht es Ihnen nicht auch so, dass Sie überwiegend mit Sorgen und Schwierigkeiten beschäftigt sind und Anlässe zur Freude gar nicht wahrnehmen?

Freude entdecken

Das Gefühl der Freude, des Staunens und Entzückens steht uns in jedem Augenblick unseres täglichen Lebens zur Verfügung, wenn wir den Zugang dazu finden können. Ayya Khema lehrte, dass wir alle Freude im Herzen tragen und es darum geht, sie wahrzunehmen und uns mit ihr zu verbinden.

Freude ist heiter und leicht, beschwingt und beglückend, sie zaubert uns ein Lächeln auf die Lippen und lässt unsere Augen strahlen – ein wunderbarer Zustand. Doch was müssen wir tun, um mit unserer Freude in Kontakt zu kommen? Lenken wir unseren Blick auf die kleinen schönen Dinge des Lebens, die leicht übersehen werden, dann können wir Freudenmomente erkennen – und genießen. Wie sehr kann es beglücken, die Wärme der Sonne auf der Haut zu spüren, den Duft von Rosen einzuatmen, dem Zwitschern der Vögel zu lauschen oder spielenden Kindern zuzuschauen! Die Lyrikerin Mascha Kaléko schreibt in ihrem Gedicht »Sozusagen grundlos vergnügt« am Ende: »Ich freue mich, dass ich mich an das Schöne und an das Wunder niemals ganz gewöhne. Dass alles so erstaunlich bleibt, und neu! Ich freue mich, dass ich … Dass ich mich freu.«

ÜBUNG
Ein Tag der Freude

Wählen Sie einen Tag der Woche, etwa den Montag, als Ihren »Freudetag« aus. Stimmen Sie sich schon morgens darauf ein, Ihre Aufmerksamkeit ganz bewusst auf Momente der Freude zu lenken. Finden Sie zunächst heraus, worüber Sie sich freuen – beglückende Begegnungen, wohltuende Situationen. Nehmen Sie diese Momente bewusst wahr und achten Sie darauf, wo im Körper Sie die Freude spüren. Nachdem Sie nun Ihren kleinen und großen Freuden gegenüber achtsamer geworden sind, suchen Sie ganz gezielt nach weiteren Freudenmomenten in Ihrem Alltag und überlegen Sie sich, welche zusätzlichen Freuden Sie sich und anderen noch bereiten könnten.

Kurz und flüchtig
Woran liegt es, dass die Freude uns nicht einfach zufliegt und dauerhaft begleitet? Eine Antwort finden wir in der Entwicklungsgeschichte des Menschen. Unser Körper wird aus der Nahrung, die wir zu uns nehmen, aufgebaut, und unser Gehirn wird geformt durch die Erfahrungen, die wir machen. Hirnforscher stellten fest, dass unser Gehirn den negativen Erfahrungen höhere Priorität einräumt als den positiven. Der Neuropsychologe Rick Hanson beschreibt dies so: »Ihr Gehirn fungiert bei negativen Erfahrungen wie Klettband und bei positiven wie Teflon – obwohl die meisten Erfahrungen wahrscheinlich neutral oder positiv sind.« Unangenehme Gedanken und schmerzhafte Erfahrungen bleiben in unserem Bewusstsein kleben, und die angenehmen, freudigen Erlebnisse berühren uns nur kurz und flüchtig.

In entwicklungsgeschichtlich frühen Phasen war das Überleben davon abhängig, wie schnell ein Mensch Gefahr und Bedrohung erkannte. Es gehörte zum Überlebenskampf, negativen Erfahrungen größte Aufmerksamkeit zu schenken. Durch diese ständige Wachheit für das Unangenehme und Bedrohliche wurden bestimmte Nervenzellen im Gehirn immer und immer wieder aktiviert. Diese Nervenzellen oder Neuronen haben dann eine feste Verbindung miteinander aufgebaut. Im Fachjargon heißt das: Neuronen, die gemeinsam feuern, verdrahten sich. Bis heute wirkt in unserem Gehirn dieser Überlebensmechanismus, der negative Erfahrungen deutlicher registriert und erinnert. Denn nur diejenigen Frühmenschen konnten ihre Gene weitergeben, die den Bedrohungen bestens gewachsen waren.

Momente der Freude verinnerlichen
Negative Ereignisse beschäftigen uns also viel mehr und länger als positive, freudige Erfahrungen. Wir können jedoch dieser Tendenz entgegenwirken, indem wir ganz bewusst die Freude und

das Gute fördern und ihnen Aufmerksamkeit schenken, sie in uns aufnehmen und verinnerlichen.

ÜBUNG
Freude durch Wertschätzung

Wir können unsere Freude wachsen lassen, indem wir uns selbst und alle Anlässe zur Freude wertschätzen lernen.
- Welche Fähigkeiten und Eigenschaften schätzen Sie an sich? Finden Sie mindestens fünf Punkte, stellen Sie sich einen nach dem anderen vor und spüren Sie Ihre Freude darüber. Bleiben Sie jeweils so lange dabei, bis Sie das Freudengefühl deutlich empfinden.
- Erinnern Sie sich an Momente von Freude in Ihrem Leben. Zählen Sie fünf Erlebnisse auf und spüren Sie dabei die Freude noch einmal.
- Überlegen Sie, wie Sie sich heute eine Freude bereiten können, und tun Sie es.

Mit dieser Übung haben Sie bereits einen Schritt in Richtung »Freudenmomente wahrnehmen« getan. Gehen Sie nun weiterhin mit wachen Augen durch die Welt und finden Sie Dinge und Situationen, die Sie frohgemut stimmen. All das können Sie in eine positive Erfahrung umwandeln, indem Sie bewusst genießen, die gute Stimmung aufrechterhalten und intensiv erleben. Sie freuen sich über das Kompliment eines Arbeitskollegen? Dann genießen Sie bewusst diese Freude. Denn Freude kann sich voll entfalten, wenn Sie sich selbst und Ihre Arbeit wertschätzen. Fühlen Sie die Freude in Ihrem Körper und schwelgen Sie noch eine Weile in diesem Gefühl. Stellen Sie sich vor, dass die Freude tief in Sie eindringt, wie die Strahlen der Sonne, und verankern Sie die freudige Empfindung in Ihren Zellen. Je länger und intensiver eine Erfahrung körperlich spürbar ist, desto mehr hinterlässt sie eine Spur im Gedächtnis.

Sich mit anderen freuen

Spüren wir Freude in uns und mit uns selbst, dann können wir auch Freude mit anderen empfinden. Sind wir offen und wohlwollend und sehen eine Person, die sich freut, dann springt ein Funke über, und wir freuen uns mit. Freude überwindet Grenzen und stellt spontan eine Verbindung her. In diesem Moment unterscheiden wir nicht zwischen uns und dem anderen. Wir sehen dessen Freude und Glück und empfinden dadurch ein eigenes Freudengefühl, das in der buddhistischen Tradition Mitfreude genannt wird. Mitfreude ist so kostbar, weil wir dadurch auch mehr Freude in unser Leben und in die Welt bringen. Freuen wir uns mit anderen, so ist unsere Ausstrahlung von Freude geprägt und kommt allen Menschen zugute, denen wir begegnen.

Die Meditation der Freude

Freude und Mitfreude sind Qualitäten, die wir im Rahmen unserer Herzensschulung stärken und bewusst entwickeln. Ebenso wie wir unser Herz in Mitgefühl für das Leid öffnen, üben wir in der Freudemeditation, das Glück und die Freude einer anderen Person zu erkennen und mit ihr zu fühlen. In der Herzmeditation wünschen wir uns und anderen, glücklich zu sein. Durch die Freudemeditation – in der altindischen Pali-Sprache »mudita«

genannt – üben wir, uns am konkreten Glück von anderen zu erfreuen. Wir beginnen mit einer Person, die wir gerne mögen, mit der wir uns leicht freuen können. Dazu wählen wir jemanden aus, dem es gerade richtig gut geht. Wir richten an diese Person den Wunsch, dass ihr Glück und Wohlergehen zunehmen und nicht enden möge. Wir freuen uns mit ihr und wünschen, dass ihr Glück und ihre Freude sich noch vermehren mögen. Durch diese Übung schenken wir anderen unsere Freude. Da die Freude nun auch in uns ist, verdoppeln wir sie.

> »Wahre Liebe schenkt immer Freude –
> uns und denen, die wir lieben.«
>
> Thich Nhat Hanh | vietnamesischer Zenmeister (*1926)

Sätze für die Freudemeditation

Aus den folgenden Freudesätzen können Sie einen Satz auswählen. Sprechen Sie die Sätze laut aus und finden Sie heraus, welcher Wunsch Ihnen am meisten zusagt. Mit Ihrem ausgewählten Satz üben Sie dann die Freudemeditation.

- Möge dein Wohlergehen grenzenlos sein.
- Mögen dein Glück und dein Reichtum grenzenlos sein.
- Mögen deine Freude und dein Glück immer weiter wachsen.
- Mögen dein Erfolg und deine glücklichen Umstände dich weiter begleiten.
- Möge deine Glückssträhne nie aufhören.
- Mögen dein Glück und die Ursachen deines Glücks sich mehren.
- Mögen dein Glück und dein Reichtum wachsen und gedeihen und niemals enden.

Spüren Sie noch wenig Zugang zur Freude, können Sie auch zuerst mit folgenden Sätzen lernen, Freude zu entwickeln:
- Möge ich lernen, mich zu freuen.
- Möge mein Herz von Freude erfüllt sein.
- Möge ich erkennen, wie ich die Samen der Freude in mir jeden Tag nähren kann.

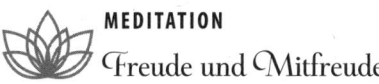

MEDITATION
Freude und Mitfreude

Nehmen Sie sich 20 Minuten Zeit und setzen Sie sich bequem hin. Schließen Sie die Augen und spüren Sie Ihre Lebendigkeit im Körper.
- Stimmen Sie sich auf das Gefühl der Freude durch ein inneres Lächeln ein.
- Halten Sie in Ihrer Vorstellung Ausschau nach einem lieben Menschen in Ihrem Freundeskreis, dem es sehr gut geht, der glücklich oder erfolgreich ist oder der eine ganz besonders gute Lebenssituation genießt.
- Stellen Sie sich diese Person in ihrem ganzen Glück vor und lassen Sie Strahlen der Freude von Ihrem Herzen zum Herzen des Gegenübers fließen. Sprechen Sie Ihren ausgewählten Freudesatz (siehe Vorschläge Seite 152) zu dieser Person und wiederholen Sie Ihren Wunsch immer wieder mit kurzen Pausen dazwischen. Spüren Sie, wie es Ihnen dabei geht und welche Gefühle sich bei Ihnen zeigen.
- Bleiben Sie auf jeden Fall für etwa zehn Minuten bei Ihrem ausgewählten Gegenüber. Dann können Sie entscheiden, ob Sie die restliche Zeit mit dieser Person fortfahren oder sich selbst Wünsche der Freude schenken möchten.
- Wenn Sie zu sich selbst wechseln, dann sprechen Sie denselben

Freudesatz, den Sie für Ihren Freund/Ihre Freundin gesagt haben, innerlich zu sich selbst. Nehmen Sie wahr, welche Gefühle und Gedanken jetzt auftauchen.
- Können Sie Unterschiede bemerken zwischen dem Üben von Mitfreude mit anderen und der Freude für sich selbst?
- Sie können die Freudemeditation dann auch mit einem Mentor oder einer neutralen Person üben. Und sie kann auch auf alle Menschen ausgeweitet werden. Damit sich die Wirkung der Meditation der Freude gut entfalten kann, üben Sie diese ein bis zwei Wochen lang.

Hindernisse auf dem Weg zur Freude

Obwohl wir uns dessen bewusst sind, dass sich im Leben alles verändert und alles vergeht – alle Dinge und alle Herzensstimmungen –, wünschen wir in der Freudemeditation, dass das Glück zunehmen und nie enden möge. Die Übung der Mitfreude zeichnet sich gerade dadurch aus, dass wir uns bewusst daran begeistern, dass das Wohlergehen andauern und grenzenlos werden möge. Können wir am Erfolg und Glück der anderen wirklich teilhaben, ruhen wir in selbstloser Freude. Mitfreude mit dem Glück und der Freude anderer ist für uns jedoch oft schwieriger als das Mitgefühl mit dem Leid anderer Lebewesen. Im Leiden mit anderen zu fühlen, fällt uns leichter und ist uns meist vertrauter, als Freude miteinander zu teilen.

In den buddhistischen Texten wird »mudita«, die Freudepraxis, als die herausforderndste Herzensübung beschrieben, da sie auch Emotionen wie Neid, Eifersucht oder Konkurrenzdenken hervorbringt. Es tauchen Gedanken auf wie: »Warum bekommt sie dieses tolle Projekt und nicht ich?« Oder: »Ich habe mich so um diese Beziehung bemüht, und ihm ist sie einfach zugeflogen.«

Die anderen haben etwas, was wir selbst gerne hätten – eine Liebesbeziehung, eine interessante Arbeit, sie machen Karriere, oder sie haben sich ihr Traumhaus gebaut. Neid ist die Unfähigkeit, den Erfolg, den Wohlstand oder das Glück anderer zu ertragen. Manchmal beneiden wir andere auch um spezielle Fähigkeiten wie künstlerische Kreativität oder Geduld und Gelassenheit. Neid führt immer dazu, dass wir mit unserem Leben unzufriedener werden. Um nicht unserem eigenen Mangel in die Augen sehen zu müssen, wenden wir uns den anderen zu und beneiden sie. So wehren wir das in uns nagende Gefühl von »zu wenig« oder »nicht genügend« ab.

Eine andere Form der inneren Abwehr ist die Idealisierung. Dadurch stellen wir die anderen auf ein Podest, bewundern sie übermäßig und schaffen damit eine Distanz. Auch dies hat den Zweck, das eigene Mangelgefühl nicht anzuerkennen beziehungsweise es zu verdrängen.

Wenn wir uns offen und ehrlich diesen unangenehmen Gefühlen in der Freudemeditation stellen, sind wir nicht mehr gefangen in ihnen. Wir wenden uns dem zu, was uns noch fehlt, um ein innerlich und äußerlich erfülltes Leben zu leben. Wir lenken die Aufmerksamkeit auf uns und können dadurch einen Zugang zu wahrer Freude finden. Erst wenn wir Freude in uns selbst spüren, können wir auch Mitfreude empfinden. Dann ist Freude für alle da.

Anderen eine Freude bereiten

Geben Sie der Freude einen wichtigen Platz in Ihrem Leben. Freude versprüht Lebendigkeit und Kraft, ganz gleich, ob Sie Freude still und heimlich für sich alleine erleben oder ausgelassen im Kreise Ihrer Lieben lachen. Eine besondere Freude ist es, andere zu beglücken. Sie können sich fragen: Wem kann ich heute eine kleine Freude bereiten? Schon darüber nachzudenken, stimmt uns meist frohgemut. Und dann schließt sich die Überlegung an, wie wir der auserwählten Person eine Freude machen können. Vielleicht bringen Sie am Sonntagmorgen Ihrer Tochter eine Tasse Tee ans Bett, senden eine Grußkarte an Ihre Großmutter oder telefonieren ausführlich mit einem alten Freund. Sie können die Menschen auf dem Weg zur Arbeit anlächeln und die Kollegen mit selbst gebackenem Kuchen verwöhnen. Freude zu verschenken macht Spaß. Probieren Sie es aus, erfreuen Sie die Menschen in Ihrem Umfeld mit kleinen Aufmerksamkeiten!

Zur weiteren Inspiration wollen wir Ihnen unsere inzwischen viel erprobte Freudeübung für den Alltag vorstellen: das Verschenken von kleinen »Freudepäckchen«. Der Fantasie für den Inhalt der Päckchen sind keine Grenzen gesetzt – alles, was Körper, Herz und Seele erfreut, ist geeignet. Meist stellen wir eine kleine Süßigkeit, etwas Geld und einen Weisheitsspruch oder ein Gedicht zusammen, packen alles in Geschenkpapier und versehen es mit einer hübschen Schleife. Sei es nun der Handwerker, den wir nach getaner Arbeit damit erfreuen, die Männer der Müllabfuhr, der Paketzusteller oder ein Obdachloser – alle schenken uns als Dank ein strahlendes Lächeln. Und wir freuen uns darüber, eine kleine unerwartete Freude bereitet zu haben. Manchmal inspirieren wir auch die Teilnehmer am Ende eines längeren Meditationskurses, anderen eine Freude zu bereiten. Alles, was sie sich dazu einfallen lassen, soll still und anonym umgesetzt werden, da während des Kurses geschwiegen wird. Daraufhin finden wir überall kleine Überraschungen, zum Beispiel in Form eines Gedichtes an der Tür des Speisesaals oder einen aus Papier gefalteten Frosch neben einem Teller. Oder es liegen neben dem Meditationskissen hübsch arrangierte Steine, Federn oder Wiesenblumen. Und alle spüren, Freudenstimmung liegt in der Luft.

HERZÖFFNER
Die Freude des Wiedersehens

Die beiden Graugänse – Peer und Senta – sind schon seit vielen Jahren ein treues Paar, als Senta eines Tages von Wissenschaftlern für Laborversuche eingefangen wird. Peer ist untröstlich. Er ruft nach ihr und sucht sie in einem viele Quadratkilometer umfassenden Gebiet. Nach einem halben Jahr sind die Experimente abgeschlossen, und die Wissenschaftler setzen Senta wieder aus. Es dauert keine zwei Tage, da hat Peer sie entdeckt. Im Sturzflug taucht er zu ihr hinunter. Beide öffnen weit ihre Flügel, umarmen sich und flattern Brust an Brust mehrere Meter in die Luft hinauf und wieder hinunter. Immer wieder. Über mehrere Stunden trompeten sie ihr Wiedersehensglück in die Welt hinaus.

Finden Sie Ihre innere Mitte

»Ich möchte endlich einmal wirkliche Ruhe finden«, sagt Tim und drückt damit die Sehnsucht vieler Menschen aus, die zum ersten Mal zu einem Meditationskurs kommen. Wie Tim sind sie auf der Suche nach einem Weg, aus dem Stress und der Hektik des Alltags auszusteigen. Unsere Meditations-Retreats finden schweigend statt, und alle Teilnehmenden sind in einen geregelten Tagesablauf mit festen Meditationszeiten eingebunden. In diesem Rahmen ist äußerlich alles ruhig und friedlich. Dadurch bemerken viele erst, wie groß die innere Unruhe ist, die sie aus dem Alltag mitbringen. Es ist der erste große Aha-Effekt der Meditation – sie nehmen ihre innere Aufregung und den ununterbrochenen Gedankenstrom in ihrem Geist bewusst wahr. Und durch die Meditationsanleitungen bekommen die Teilnehmer ein Instrument in die Hand, um Geist und Körper allmählich immer mehr zur Ruhe zu bringen. Indem wir aufmerksam nach innen schauen, lernen wir, unseren Geist zu trainieren und unser Herz zu schulen – ein Weg, der uns in unsere innere Mitte und nach Hause zu uns selbst führt.

Die hohe Kunst der Gelassenheit

In diesem Buch haben wir Sie mit den Übungen von bedingungsloser Liebe und Sanftheit gegenüber sich selbst und anderen bekannt gemacht. Sie konnten die Kraft des Mitgefühls erproben und die Freude in Ihrem Herzen entdecken.

Auf dem Weg der Herzmeditation kommen Sie schließlich auch dem Gefühl der Gelassenheit näher, einer Haltung, die alles so akzeptiert, wie es ist. Gelassen sein können wir dann, wenn wir umfassend einverstanden sind mit uns, mit anderen und mit allem, was ist. Gelassenheit oder Gleichmut ist eine innere Einstellung, geprägt von Unvoreingenommenheit und dem Prinzip der Gleichheit. Wir erkennen uns selbst und alle Menschen als gleichermaßen würdig und gleichwertig. Wir sind fähig, »in die Schuhe des anderen zu steigen« und dessen Sichtweise einzunehmen und diese als ebenso wertvoll zu betrachten. Mit einem inneren Ja zu allem, was ist und was geschieht, fließen wir ganz entspannt mit dem Strom des Lebens ohne Erwartung, Angst oder Abwehr.

Im Augenblick leben

Gleichmut oder Gelassenheit ist eine Geisteshaltung, die dafür sorgt, dass wir uns nicht von unseren starken aufbrausenden Gefühlen überwältigen lassen. Unsere emotionalen Höhen und Tiefen werden dank unseres Gleichmuts ausgeglichen, wir verfallen nicht in Extreme. Das bedeutet jedoch keineswegs, dass Gelassenheit eine mittelmäßige, kraftlose oder langweilige Emotion ist. Im Gegenteil: Wir lernen, das Geschehene so sein zu lassen, wie es ist, dadurch verliert es seine Macht über uns. Es hört auf, uns zu bedrängen. Wenn wir unsere Vorstellungen darüber, wie das Leben sein soll, loslassen, sehen wir überhaupt erst, was wirklich ist. Und in der radikalen Akzeptanz dessen, was ist, finden wir Sicherheit und Vertrauen. Wir können einfach nur sein und blicken nicht nach vorne und nicht zurück, sondern erleben den momentanen Augenblick – das Hier und Jetzt.

»Ich muss mein Leben nehmen, wie es ist,
und damit zufrieden sein.«

Nelson Mandela | südafrikanischer Politiker (1918–2013)

ÜBUNG
Ja sagen zu dem, was ist

Diese Übung hilft Ihnen dabei, mit der Zeit bedingungslos »Ja« zu sich selbst und zu Ihrem Leben zu sagen.

- Schauen Sie mit einem freundlichen Blick auf sich selbst und denken Sie kurz über die Fragen nach: Was an meinem Körper und Aussehen mag ich gut leiden? Welche meiner Eigenschaften und Talente schätze ich an mir?
- Stimmen Sie jeder einzelnen Antwort, die Ihnen dazu einfällt, innerlich zu, indem Sie sagen: »Ja, so ist es.«
- Dann richten Sie den Blick auf die Eigenschaften und Eigenheiten, die Sie nicht an sich mögen, mit denen Sie Schwierigkeiten haben. Was kritisieren Sie an Ihrem Aussehen? Welche Verhaltensweisen nehmen Sie sich selbst übel? Was vermissen Sie an sich?
- Und nun sagen Sie mit der ganzen Kraft Ihres Herzens: »Ja, auch das gehört zu mir, und es darf so sein. Ich stimme dem zu, so wie es ist.«
- Erscheint Ihnen dies zu schwierig, dann können Sie sagen: »Ich versuche, es zu akzeptieren und anzuerkennen.«
- Spüren Sie Ihr Herz und fühlen Sie, wie sich diese Zustimmung auswirkt.
- Richten Sie Ihren Blick nun auf die Menschen, mit denen Sie das Leben – in Familie, Arbeit, Freizeit – teilen. Denken Sie an diejenigen, die Sie lieben, und an die, mit denen Sie sich schwertun.
- Nehmen Sie alle in Ihr Herz und stimmen Sie ihnen zu, indem Sie sagen: »Ja, ich stimme euch zu, so wie ihr seid. Ihr dürft so sein.«
- Was für Empfindungen löst dies in Ihrem Herzen und Ihrem Körper aus?

- Mit welchen Begebenheiten, Umständen oder Tatsachen in Ihrem Leben sind Sie einverstanden, mit welchen hadern Sie?
- Schauen Sie zuerst auf die Gegebenheiten in Ihrem Leben, die Ihnen gefallen, und stimmen Sie diesen aus ganzem Herzen zu. Dann vergegenwärtigen Sie sich all jene Situationen, die schwer für Sie sind. Geben Sie auch dazu Ihre Zustimmung und sprechen Sie diese entweder innerlich oder laut aus: »Ja, ich nehme es an, so wie es jetzt gerade ist.«
- Nun richten Sie Ihren inneren Blick in die Weite auf Ihr ganzes Leben. Sagen Sie aus vollem Herzen »Ja« zu Ihrem Leben, so wie es ist.
- Möchten Sie Ihre »Ja zu allem, was ist«-Haltung vertiefen, dann wiederholen Sie die Übung eine Woche lang jeden Tag.

Ihr Ja bedeutet, dass Sie die Tatsachen akzeptieren und sich ihnen nicht emotional widersetzen. Und dieses Ja hindert Sie nicht daran, mit aller Kraft die Dinge zu verändern, die Sie ändern möchten – im Gegenteil, es hilft Ihnen bei der Umsetzung von Veränderungen und verleiht Ihren Handlungen mehr Effektivität. Zum Ja-Sagen gehört auch, dass Sie auf Ihre Widerstände, Ihr Nein achten. Haben Sie eine Abneigung gegen eine bestimmte Eigenschaft von sich selbst, wie beispielsweise Ihre Ungeduld, sprechen Sie Ihr Nein dazu entweder innerlich oder laut aus und spüren Sie, wie sich das in Ihrem Körper anfühlt. Und dann probieren Sie aus, was passiert, wenn Sie das bejahen, was Sie zuerst abgelehnt haben. Versuchen Sie ein Gefühl dafür zu entwickeln, dass Sie grundsätzlich in Ordnung sind, obwohl das Abgelehnte zu Ihnen gehört. So bringt das Ja-Sagen inneren Frieden und Gelassenheit mit sich, und Sie bleiben im Fluss des Lebens.

Gleichmut einüben durch Meditation

Wenn Sie über längere Zeit die Meditation von Gelassenheit oder Gleichmut praktizieren, üben Sie, alle Gegebenheiten des Lebens umfassend zu akzeptieren. In der nun schon vertrauten Vorgehensweise sprechen Sie einen Satz, der die Essenz von Gleichmut ausdrückt, und wiederholen ihn kontinuierlich. Sie können den Gleichmutssatz als Tatsache formulieren und sagen: »Es ist, wie es ist.« Oder Sie wählen die Form: »Möge ich annehmen, was ist.«

Wenn Sie sich längere Zeit dieser Praxis widmen, werden Sie auf einer tieferen Ebene erkennen, was es heißt, dass alles im Leben entsteht und vergeht und nichts bleibt, wie es ist. Sie erhalten Einsicht in die Vergänglichkeit aller Dinge. Alles ist einer ständigen Veränderung unterworfen – auf den Frühling folgt der Sommer, und aus Kindern werden Erwachsene. Blättern Sie in Ihren Fotoalben und nehmen Sie bewusst wahr, wie sich alles verwandelt hat. Gleichmütig sein bedeutet, sich diesen Veränderungen nicht entgegenzustellen. Dann weicht der Druck von uns, und wir erleben eine wunderbare Leichtigkeit.

Sätze zur Entwicklung von Gleichmut

Die Gelassenheit in der Meditation (siehe Seite 163) zu praktizieren heißt, kontinuierlich innerlich einen Satz zu sprechen. Suchen Sie sich aus den folgenden Vorschlägen die Wendungen aus, die Ihnen am meisten zusagen.

- Möge ich lernen, alle Dinge so zu akzeptieren, wie sie sind.
- Möge ich lernen, allem Werden und Vergehen ruhig und gleichmütig zu begegnen.
- Möge ich akzeptieren/annehmen, was ist.
- Möge ich einverstanden sein mit dem, was ist.

- Möge ich in meiner Mitte ruhen.
- Möge ich in heiterer Gelassenheit verweilen, im Wissen um die Gleichheit von allem, was lebt.
- Es ist, wie es ist.

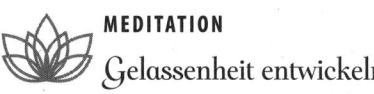

MEDITATION
Gelassenheit entwickeln

Nun werden Sie in die Meditation zur Heranbildung von Gelassenheit eingeführt. Reservieren Sie sich 20 Minuten Zeit und setzen Sie sich an einen Platz, an dem Sie ungestört sind und sich rundherum wohlfühlen.

- Schließen Sie die Augen und erlauben Sie Ihrem Geist, zur Ruhe zu kommen. Spüren Sie den Ort in Ihrem Körper, an dem Ihr Herz zu Hause ist, und verbinden Sie sich liebevoll mit Ihrem Herzen.
- Streifen Sie einige Minuten lang in Ihrer Vorstellung durch die Ereignisse des vergangenen Tages und registrieren Sie, was Sie alles erlebt haben. Machen Sie sich bewusst, dass dies alles vorbei ist und nicht wiederkehren wird.
- Werfen Sie nun einen Blick zurück auf Ihr Leben. Vergegenwärtigen Sie sich, welche Veränderungen Sie seit Ihrer Geburt durchlaufen haben. Sehen Sie sich als Kind, als Jugendliche/-n und junge/-n Erwachsene/-n und so, wie Sie heute sind. Nehmen Sie wahr, wie Ihr Körper sich verändert hat.
- Spüren Sie den Kontakt zu Ihrem Herzen und sprechen Sie nun Ihren Gelassenheitssatz innerlich zu sich selbst, zum Beispiel: »Es ist, wie es ist« oder »Möge ich einverstanden sein mit dem, was ist« (weitere Vorschläge zur Auswahl siehe Seite 162).
- Wiederholen Sie den Satz immer wieder in regelmäßigem Rhythmus.

- Entspannen Sie Ihren Körper und lassen Sie die aufsteigenden Gedanken und Gefühle, sobald Sie sie bemerken, wieder los. Lassen Sie Ihre inneren Kommentare abperlen wie Regentropfen. Kehren Sie zum Sprechen Ihres Satzes zurück.
- Spüren Sie in Ihrem Herzen die tiefe Wahrheit dieser Worte.

Üben Sie diese Meditation eine Woche lang täglich.

Geduldig, nicht gleichgültig

Möchten Sie Ihre Herzensqualitäten zu voller Blüte entwickeln, brauchen Sie Geduld. So wie die Knospe Zeit braucht, sich zu entfalten, und die Raupe, um zu einem Schmetterling heranzuwachsen, so ist die spirituelle Praxis der Herzmeditation ein Prozess, der Zeit erfordert. Der Kirchenlehrer Franz von Sales sagte: »Was wir brauchen, ist ein Becher voll Verstehen, hunderttausend Liter Liebe und einen Ozean voll Geduld.« In der Meditation geht es darum, schwierige innere Erfahrungen geduldig anzunehmen, um sie so letztendlich zu überwinden.

Die Umsetzung von Gelassenheit im praktischen Leben heißt jedoch nicht, alles Geschehen in unserem Umfeld gleichgültig hinzunehmen. Wir müssen mit gesundem Menschenverstand entscheiden, wann es notwendig ist, tatkräftig einzugreifen, um sich beispielsweise vor Gefahr zu schützen. Ganz so, wie es das Gelassenheitsgebet ausdrückt, welches vermutlich von dem US-amerikanischen Theologen Reinhold Niebuhr verfasst wurde: »Gott, gib mir die Gelassenheit, Dinge hinzunehmen, die ich nicht ändern kann, den Mut, Dinge zu ändern, die ich ändern kann, und die Weisheit, das eine vom anderen zu unterscheiden.«

Gelassenheit erkennen

Betrachten wir eine Person von außen, ist es oft nicht leicht, zu unterscheiden, ob sie gelassen oder gleichgültig ist. Der Gleichgültige geht in eine Zuschauerposition und erlebt das Geschehen aus der Distanz. Er lässt sich nicht davon berühren und nimmt nicht teil. Dies ist eine Abwehrhaltung aus Angst vor Verletzungen. Der Gelassene dagegen spürt mit Herz und Geist die Wirklichkeit. Er erkennt, dass er eigene Vorstellungen von den Dingen hat, kann sie aber wieder loslassen und die Tatsachen dann so nehmen, wie sie sind. Gelassenheit wirkt zwar auch distanziert, doch sie ist verankert in Liebe und einer tiefen Einsicht um die Vergänglichkeit aller Dinge.

Die vier Qualitäten des Herzens

Sie haben sich mit den Anleitungen von Buddhas Herzmeditation Ihrem Herzen zugewandt und begonnen, Freundschaft mit sich selbst und anderen zu schließen. Durch diese Herzensschulung in bedingungsloser Liebe haben Sie sich selbst, Menschen, denen Sie dankbar sind, guten Freunden, unbekannten und schwierigen Personen Glück und Wohlergehen gewünscht. Sie haben die Liebe kultiviert, die keine Erwartungen und Ansprüche hat und deshalb auch nie enttäuscht werden kann. Trifft diese Liebe mit offenem Herzen auf Schmerz, so entsteht Mitgefühl, begegnet sie Freude, wird Mitfreude daraus. Und diese oft starken Emotionen werden dann von der Gelassenheit wieder ins Gleichgewicht gebracht. Diese vier Herzens- und Geistesqualitäten werden in den buddhistischen Schriften die vier Brahmaviharas genannt.

Metta und Brahmaviharas

Die ersten drei Brahmaviharas – Liebe, Mitgefühl und Freude – öffnen das Herz mit den Wünschen nach Wohlbefinden. Die vierte Qualität, die Gelassenheit, ergänzt diese innigen Wünsche durch die Erkenntnis, dass die Dinge sind, wie sie sind. Alle vier wirken immer zusammen, sie sind unauflöslich miteinander verwoben, wie die Stränge eines dicken Seils. In unseren Herzmeditationskursen ist die Grundpraxis Metta – die Übung bedingungsloser Liebe –, in die wir Anleitungen zu Mitgefühl, Freude und Gleichmut integrieren.

Füllen wir unser Herz und unseren Geist mit den heilsamen Emotionen der vier Brahmaviharas, nähren wir uns selbst und senden dieses Wohlwollen auch an andere aus. Wir sind uns dessen bewusst, dass wir nicht nur für uns alleine üben, sondern die Auswirkungen unserer Meditationspraxis auch anderen Menschen zugutekommt. Nach buddhistischer Tradition widmen wir deshalb die Früchte unseres Übens dem Wohle aller Lebewesen.

Buddhas Anweisungen waren darauf bedacht, dass sie sich in das Lebensumfeld der Menschen einpassten. Er ermutigte die Menschen, bei ihrem Glauben zu bleiben, und fügte seine Belehrungen in ihr Glaubenssystem ein (siehe Seite 167).

Die Praxis der Herzmeditation können Sie also ausüben, egal ob Sie nun christliche, jüdische oder muslimische Wurzeln haben. Ein offenes und liebendes Herz zu entwickeln ist Teil jeder Religion. Buddha vermittelte, dass seine Belehrungen nicht geglaubt, sondern selbst ausprobiert werden sollten. In diesem Sinne können wir sagen: Finden Sie eine für Sie geeignete Meditationspraxis, üben Sie diese kontinuierlich und erfahren Sie die Auswirkungen selbst.

Die Entstehung der Brahmaviharas

Zu Zeiten Buddhas lebten in Indien Anhänger des brahmanischen Glaubens. Für sie war Brahma der allumfassende Gott, und sie beteten dafür, nach dem Tode zu ihm in den Himmel zu gelangen, um auf ewig dort zu verweilen. Einst fragte ein Brahmane Buddha: »Was kann ich tun, um sicher zu sein, dass ich zu Brahma komme, wenn ich gestorben bin?« Der Buddha antwortete darauf, dass Brahma die Quelle der Liebe sei und der Weg dahin über die Ausübung der vier Brahmaviharas – der Praxis von Liebe, Mitgefühl, Freude und Gelassenheit – erfolgt. Das Pali-Wort »Vihara« bedeutet so viel wie »Wohnstätte« oder »Ort des Verweilens«. Somit bezeichnen die vier Brahmaviharas die göttlichen Wohnstätten wahrer Liebe. Sie sind die vier Aspekte der bedingungslosen Liebe in jedem von uns.

Die eigene Meditationspraxis finden

Mit den folgenden Hinweisen und Empfehlungen wollen wir Sie darin unterstützen, Ihren eigenen Weg zur Praxis der Herzmeditation zu gehen. Inzwischen haben Sie alle im Buch enthaltenen Übungen und Meditationen entsprechend unseren Anleitungen durchgeführt und konnten schon erste Erfahrungen in der Schulung Ihres Herzens sammeln. Die jeweiligen Anregungen am Ende der Übungen und Meditationen geben Ihnen eine erste Orientierung, wie Sie mit den Anleitungen arbeiten können. Nun möchten wir Sie einladen, Ihre Praxis der Herzmeditation entsprechend Ihren Bedürfnissen zu gestalten, und Sie zum Ausprobieren und Experimentieren ermuntern.

Übungen bereiten den Weg

Mit den Übungen erhalten Sie einen Zugang zu einem Thema, etwa »Sich selbst dankbar sein« (siehe Seite 69) oder »Freude entdecken« (siehe Seite 148 und 150). Sie wecken Ihre Wahrnehmung für Empfindungen, Gefühle oder Gedanken, die zum jeweiligen Thema in Ihrem Inneren vorhanden sind. Und Sie holen die im Unbewussten schlummernden Sehnsüchte und Erfahrungen ins Licht Ihrer Aufmerksamkeit und üben, alles, was sich zeigt, als Teil von Ihnen anzunehmen. Durch die Hinwendung zu den einzelnen Herzensübungen lernen Sie sich besser kennen und akzeptieren und schließen so immer mehr Freundschaft mit sich selbst.

»Eines der größten Geschenke
des buddhistischen Weges:
grundlos glücklich sein; das Leben lieben, wie es ist.«

Tara Brach | amerikanische Meditationslehrerin (*1953)

**Wegbereiter für die Herzmeditation –
die Übungen auf einen Blick**

- Hand aufs Herz (Seite 15)
- Das Gute in sich entdecken (Seite 41)
- Einen eigenen Herzöffner finden (Seite 42)
- Sich selbst dankbar sein (Seite 69)
- Empfindungen unterscheiden (Seite 83)
- Wünsche im Alltag verteilen (Seite 87)
- Die eigenen Gefühle anerkennen (Seite 100)
- Verantwortung übernehmen (Seite 104)

- Die eigenen Fehler annehmen (Seite 112)
- Der ganzen Familie verbunden sein (Seite 123)
- Das eigene Leid spüren und halten (Seite 141)
- Ein Tag der Freude (Seite 148)
- Freude durch Wertschätzung (Seite 150)
- »Ja« sagen zu dem, was ist (Seite 160)

Sie können selbst entscheiden, welchem Thema Sie sich näher widmen möchten. Beginnen Sie mit der dazu passenden Übung und fahren Sie mit der dazugehörigen Meditationsanleitung fort. Mit der Meditation steigen Sie tiefer in das Thema ein. Ihren Zugang zum Thema Dankbarkeit intensivieren Sie durch die Herzmeditation mit Ihrem Mentor (Seite 66), den zum Thema Freude mit der Meditation zu Freude und Mitfreude (Seite 153). Sie können auch zwischen Übung und Meditation abwechseln. Üben und meditieren Sie täglich so lange, bis sich das Gefühl einstellt, dass Sie die entsprechende Herzensqualität ausreichend erkundet haben, und Sie bemerken, dass beispielsweise Dankbarkeit oder Freude in Ihrem Alltag einen festen Platz einnehmen.

Meditationen vertiefen das Thema

Damit Meditation ihre Wirkung entfalten kann, ist eine kontinuierliche Praxis notwendig. Deshalb empfehlen wir Ihnen, täglich 20 Minuten oder auch länger zu meditieren und entweder eine Übung oder eine der Meditationen durchzuführen. Zur Auswahl einer für Sie geeigneten Meditationspraxis können Sie sich an folgenden Punkten orientieren:

- Wählen Sie eine Meditation aus, die Sie regelmäßig über einen Zeitraum von Monaten oder Jahren praktizieren. Wir empfehlen dafür die Herzmeditation für sich selbst oder die Meditation für einen Mentor oder guten Freund. Wählen Sie eine der drei als Grundmeditation.
- Sie können die ersten Minuten einer Meditationssitzung der

Meditation »Kontakt zum Herzen aufnehmen« (siehe Seite 29) widmen, oder Sie beginnen mit Ihrem eigenen Herzöffner, den Sie mit der Übung auf Seite 42 gefunden haben.
- Zum Abschluss einer Meditation beziehen Sie alle Lebewesen in Ihre Grundmeditation ein, indem Sie Ihre Herzenswünsche in alle vier Himmelsrichtungen schicken (siehe Seite 127).
- Möchten Sie sich einem bestimmten Thema oder einer Herzensqualität widmen, wie zum Beispiel der Herzöffnung für eine schwierige Person, der Vergebung oder dem Mitgefühl, dann führen Sie die dazugehörenden Übungen und Meditationen über einen Zeitraum von ein bis zwei Wochen oder bei Bedarf auch länger durch. Kehren Sie danach wieder zu Ihrer Grundmeditationspraxis zurück.
- Als allgemeine Regel gilt: Je länger Sie bei einer Meditationspraxis bleiben, desto tiefer gehend werden Ihre Erfahrungen damit sein.

Und denken Sie daran, es geht nicht darum, etwas Bestimmtes zu erreichen. Das Ziel ist vielmehr, alles, was sich in der Meditation zeigt, anzunehmen, so wie es ist. Wenn Sie kontinuierlich üben, werden sich Veränderungen einstellen, die Sie und andere bemerken. Vielleicht fällt es einem Freund auf, dass Sie geduldiger geworden sind, Ihr Partner/Ihre Partnerin stellt fest, dass Sie aufmerksamer zuhören, oder Sie erkennen, dass Sie leichter in Kontakt mit anderen Menschen kommen.

Buddhas Herzweg –
Die Meditationsanleitungen im Überblick

- Kontakt zum Herzen aufnehmen (Seite 29)
- Anleitung zur Herzmeditation (Seite 50)
- Ein Mentor als Herzenspartner (Seite 66)
- Gutes für Freund oder Freundin (Seite 76)
- Unbekannten Gutes wünschen (Seite 88)

- Herzkontakt mit Schwierigen (Seite 107)
- Vergebung üben (Seite 114)
- Die Herzmeditation ausweiten (Seite 127)
- Mitgefühl für andere (Seite 134)
- Sich selbst mitfühlend begegnen (Seite 143)
- Freude und Mitfreude (Seite 153)
- Gelassenheit entwickeln (Seite 163)

Sammeln Sie anhand der Hinweise bei den einzelnen Übungen und Meditationen sowie auf den Seiten 167–171 Ihre eigenen Meditationserfahrungen. Sie werden dann erkennen, ob die Herzmeditation Sie darin unterstützt, ein friedvolles und glückliches Leben zu führen. Wir hoffen, dass dieses Buch auf Ihrem Weg der Herzensschulung hilfreich für Sie ist, und wünschen Ihnen von Herzen Glück, Geborgenheit, Gesundheit und ein unbeschwertes Leben.

Zum Abschluss geben wir dem Dalai Lama das Wort:

> »Das Wichtigste ist ein gutes Herz. Ein Herz voller Güte, Erbarmen und Liebe, aus dem Hoffnung und innerer Friede strömen.«
>
> Tenzin Gyatso | 14. Dalai Lama (*1935)

Bücher und Adressen, die weiterhelfen

Bücher

Brach, Tara: Nach Hause kommen zu sich selbst. *Im erwachten Herzen Zuflucht und Geborgenheit finden,* KOHA-Verlag GmbH Burgrain, 2014

Chödrön, Pema: Liebende Zuwendung, Freude im Herzen, Aurum in J. Kamphausen, 5. Auflage 2013

Dalai Lama: Mitgefühl und Weisheit. *Ein Gespräch mit Felizitas von Schönborn,* Diogenes Verlag AG Zürich, 2004

Germer, Christopher: Der achtsame Weg zur Selbstliebe. *Wie man sich von destruktiven Gedanken und Gefühlen befreit,* Arbor Verlag GmbH, Freiburg, 2010

Hanson, Rick und Mendius, Richard: Das Gehirn eines Buddha. *Die angewandte Neurowissenschaft von Glück, Liebe und Weisheit,* Arbor Verlag GmbH, Freiburg, 2009

Kornfield, Jack: Das weise Herz. *Die universellen Prinzipien buddhistischer Psychologie,* Goldmann Arkana, 2008

Mannschatz, Marie: Lieben und Loslassen. *Durch Meditation das Herz öffnen,* Theseus Verlag, 2002

Salzberg, Sharon: Metta-Meditation – Buddhas revolutionärer Weg zum Glück. Arbor Verlag GmbH, Freiburg, 2003

Singer, Tania und Bolz, Matthias (Hrsg.): Mitgefühl in Alltag und Forschung, eBook Copyright: Max Planck Society, Munich, Germany, 1. Ausgabe 2013

Thich Nhat Hanh: Das Herz von Buddhas Lehre, *Leiden verwandeln – die Praxis des glücklichen Lebens,* Herder Verlag GmbH, 7. Auflage 2012

Tutu, Desmond und Tutu, Mpho: Das Buch des Vergebens. *Vier Schritte zu mehr Menschlichkeit*, Allegria Ullstein Buchverlag, 2014

Aus dem GRÄFE UND UNZER Verlag

Eßwein, Jan Thorsten: Achtsamkeitstraining (mit CD)
Daiker, Ilona: Gelassen wie ein Buddha. *Meditationen und Achtsamkeitsübungen für 52 Wochen* (Tischaufsteller)
Hofmann, Ulrich: Mini-Meditationen
Iding, Doris: Der kleine Achtsamkeitscoach
Mannschatz, Marie: Meditation. *Mehr Klarheit und innere Ruhe* (mit CD)
Mannschatz, Marie: Buddhas Anleitung zum Glücklichsein. *Fünf Weisheiten, die Ihren Alltag verändern*
Mannschatz, Marie: Mit Buddha zu innerer Balance. *Wie Sie aus der Achterbahn der Gefühle aussteigen* (mit CD)
Rampe, Micheline: Buddha für Pragmatiker. *Wie ein achtsamer Geist das Gehirn positiv verändert* (mit CD)
Schneider, Maren: Die Buddha-Box. *Buddhistische Lebensweisheit für den Alltag* (Buch, Karten und angeleitete Meditationen online zum Download)
Schneider, Maren: Der kleine Alltagsbuddhist
Schneider, Maren: Crashkurs Meditation. *Anleitung für Ungeduldige – garantiert ohne Schnickschnack* (mit CD)

Adressen

Metta-Meditation wird u.a. in folgenden Meditationszentren gelehrt

Haus der Stille
Mühlenweg 20
21514 Roseburg
Tel. 04158/214
www.hausderstille.org

Seminarhaus Engl
84339 Unterdietfurt

Tel. 08728/616

Buddha-Haus
Uttenbühl 5
87466 Oy-Mittelberg
Tel. 08376/502

Meditationszentrum
Beatenberg
CH-3803 Beatenberg

Tel. 0041 (0)33841 21 31
www.karuna.ch

Benediktushof – Seminar-
und Tagungszentrum GmbH
Klosterstraße 10
97292 Holzkirchen/
Unterfranken
Tel. 09369/98380
www.west-oestliche-weisheit.de

Kurse mit Marie Mannschatz finden Sie im Internet unter:
www.mariemannschatz.de

Kurse mit Angelika Baur finden Sie im Internet unter:
www.angelika-baur-consulting.de

Informationen zum Buch, zu den Autorinnen und weiteren Angeboten finden Sie unter:
www.herz-meditation.de